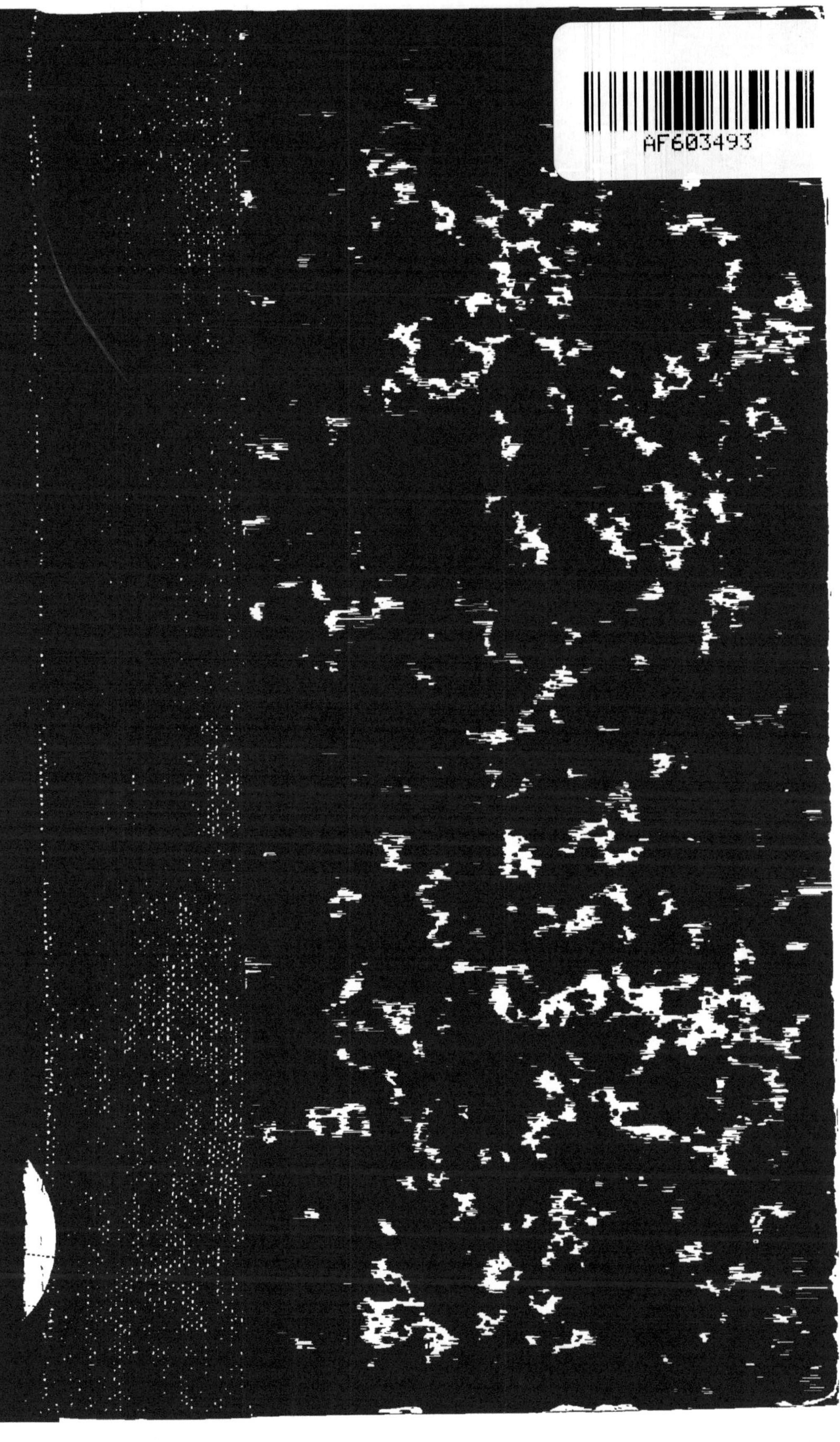

JOURNAL

D'UN

CAPITAINE DE FRANCS-TIREURS.

CAMPAGNE DE FRANCE

1870-1871.

JOURNAL

D'UN

PITAINE DE FRANCS-TIREURS

PAR

LE COMTE DE BELLEVAL.

PARIS,

E. LACHAUD, Éditeur,

4, place du Théâtre-Français, 4.

1872.

JOURNAL

D'UN

CAPITAINE DE FRANCS-TIREURS.

Le 25 juillet 1870, je fus nommé sous-préfet à Montbéliard, et le 5 août j'arrivais à mon poste.

Ma sous-préfecture était à la frontière de l'Est, et j'étais loin de me douter alors de l'importance que devait prendre par la suite ce poste que je considérais presque comme un exil. Né sous le règne de Louis-Philippe, nourri dans l'atmosphère paisible de ce régime bourgeois, honnête, mais si exempt de toutes les grandeurs, j'avais considéré l'Empire comme la résurrection de la France militaire. Les campagnes de Crimée et d'Italie m'avaient affermi dans la conviction que la victoire était inséparable de nos drapeaux, et, comme tant de gens de bonne foi, je croyais fermement qu'il nous appartenait de prendre une éclatante revanche de Sadowa. J'arrivais donc à Montbéliard, fier du rôle que j'allais y jouer, celui d'y représenter un gouvernement victorieux, de mettre mon nom au bas des bulletins de nos victoires ! Le jour même de mon arrivée, mon premier acte comme fonctionnaire, fut d'apprendre à mes administrés le désastre de Reischoffen !

Je ne m'étendrai pas sur les angoisses de ce funèbre mois d'août. Le 4 septembre au soir la République était proclamée, le Gouvernement de la Défense Nationale était né. — Les préfets, désignés les premiers aux rancunes du gouvernement qui s'était imposé au pays, tombaient les uns après les autres. Notre tour devait venir bientôt. Mes deux collègues dans le département du Doubs n'avaient pas attendu leur arrêt. Ils s'étaient démis de leurs fonctions. Je restai seul pour représenter le régime tombé. Le 12 septembre j'allai me présenter au nouveau préfet, ancien député muet de l'extrême gauche, et médecin sans malades avant d'avoir été député sans parole et sans talent.

Mon arrivée dans cette préfecture, que j'avais

connue si animée, si gaie, fut presque un événement. L'huissier m'introduisit d'abord dans le cabinet du secrétaire de M. le préfet. C'était le *citoyen B...,* journaliste, orné d'une longue barbe hérissée et d'une chevelure qui ne connaissait pas le peigne. — Vous êtes, me dit-il, le sous-préfet de M....? — Oui, monsieur. — Vous venez alors pour donner votre démission, comme vos collègues de Baume et de Pontarlier? — Ce que je viens faire ici ne vous regarde pas, lui répondis-je, je n'ai pas l'habitude de rendre compte de mes actes à des subalternes; c'est au préfet que j'ai affaire. — Quelques instants après, j'étais admis en présence du docteur O..... dont la barbe et la chevelure ne le cédaient en rien à celle de son secrétaire, mais dont l'allure embarrassée, gauche, faisait un plaisant contraste avec l'apparence triomphante du citoyen B... Un détail me frappa : M. le préfet portait des chaussons de lisières du rose le plus tendre! — C'est ainsi chaussé qu'il présida quelques jours après le Conseil général de son département, ce qui lui valut d'être pris, de bonne foi, par l'un des conseillers, pour le frotteur de la préfecture.

Je dis au préfet ce qui m'amenait; c'est que, faisant complète abstraction de mes opinions personnelles, je regardais comme une désertion d'abandonner mon poste: que mon arrondissement pouvait être envahi par l'ennemi (et cela ne tarda guère en effet), que mon devoir me prescrivait d'y rester et de le défendre, et qu'en conséquence, je venais lui offrir mon concours pour la durée de la guerre. — M. O.... me répondit que mes sentiments étaient d'un bon Français, et que ma collaboration lui serait très-précieuse. — Le surlendemain, 14 septembre, je recevais le télégramme suivant : « Vous ne pouvez rester à Montbéliard, vous recevrez demain M. F...., votre successeur. » — M. F.... était un peintre de paysages, mais le successeur de mon collègue de Baume était bien un ancien horloger !

Ma résolution fut prise immédiatement, j'envoyai en Suisse ma femme et mon fils, et je signai le 15 septembre, à la mairie de Montbéliard, mon engagement comme soldat pour la durée de la guerre. Issu d'une famille dont tous les membres ont servi nos rois dans leurs armées, dont plusieurs ont glorieusement succombé sur les champs de bataille, depuis Azincourt jusqu'à Fontenoy, je trouvais indigne d'eux, indigne de moi-même de m'abriter derrière la loi qui me protégeait, comme père de famille, et de rester simple spectateur des combats qui ensanglantaient notre pays. — La Compagnie des Francs-Tireurs de Neuilly-sur-Seine, commandée par un de mes amis, était alors à Belfort, à quelques lieues de moi. Je résolus d'aller servir dans ses rangs. Le 16 septembre, je quittai Montbéliard, accompagné jusqu'à la gare par les ouvriers de cette ville manufacturière qui voulaient me donner un dernier témoignage de sympathie. J'étais vêtu en soldat; une couverture de voyage roulée contenait ma garde-robe et ma fortune. Je devais trouver des armes en rejoignant ma compagnie. — Un agent de police qui, quelques jours auparavant, se fût prosterné devant ma grandeur, me donna une fraternelle poignée de main, et je partis. —

Ce qui va suivre est le journal écrit jour par jour, sous l'impression du moment, et par conséquent avec toute garantie d'exactitude, des événements dont j'ai été le spectateur, dans lesquels j'ai figuré comme acteur. — Que l'on n'y cherche pas le charme du style ou de la périphrase, j'écris comme un soldat ce que j'ai fait comme un soldat. On a beaucoup parlé des francs-tireurs. En lisant mes notes quotidiennes, on saura ce qu'était un franc-tireur qui n'a aucun intérêt à se faire valoir ni à déguiser la vérité : qui raconte ce qu'il a fait, ce qu'il a vu, sans souci de blesser ou de plaire. — Voila qui doit inspirer toute confiance au lecteur. — Il m'est resté de la campagne de France, que j'ai faite tout entière, de précieux souvenirs pour ma vieillesse et la conscience d'avoir rempli mon devoir de soldat et de Français; je n'ambitionnais rien de plus, et je me trouve encore mieux partagé que beaucoup de gens.

16 septembre. — J'arrive à midi à Belfort où je compte rejoindre ma compagnie, j'y achète un

fusil chassepot et un havre-sac où j'enferme ma garde-robe de troupier, deux paires de chaussettes de laine, une chemise de laine et une de coton, une brosse et un peigne. M. X., agent de change à Paris, transformé en chef d'escadron de la Garde Nationale de Mulhouse, et en mission à Belfort, me dit-il, d'ailleurs visiblement très-fier de son uniforme et de quelques décorations étrangères qui ornent sa poitrine, m'a attendu à la gare pour me prévenir que ma compagnie est partie par étapes pour Épinal, et que S..., le capitaine, m'y donne rendez-vous. Le service des trains de la ligne de l'Est est déjà tellement désorganisé que l'on n'a pu me dire à quelle heure je pourrais partir. On m'engage à venir à la gare vers cinq heures, nous partirons pour Epinal quand on pourra.

En attendant l'heure je me promène dans Belfort qui est devenu un vaste camp; les rues sont trop étroites pour le flot des passants. Ce ne sont qu'uniformes de toutes sortes, francs-tireurs de toutes les nuances parmi lesquels se font remarquer les Bretons avec leur grand chapeau national, si peu militaire, mais si commode contre le soleil ardent d'un des plus beaux mois de septembre que j'aie jamais vus. L'armée régulière n'est représentée que par deux escadrons de chasseurs d'Afrique dont les petits chevaux bivouaquent sur l'esplanade qui sépare la ville du faubourg de France; à l'endroit même où l'on voyait un mois auparavant de beaux arbres sacrifiés aux nécessités de la défense. La Garde Mobile est l'élément dominant. Il y en a un peu de tous les pays. Ce ne sont pas de beaux soldats ; on les exerce partout, mais ils sont mal armés. Un officier du Lot-et-Garonne me dit que dans son bataillon, armé de fusils à percussion, il y a au moins 150 fusils qui n'ont pas de cheminées, et que l'on ne peut s'en procurer nulle part. Les francs-tireurs sont mieux pourvus que tous les autres La comparaison, malgré pour quelques-uns, leurs costumes de théâtre, entre eux et les gardes mobiles, n'est pas à l'avantage de ces derniers ; les méridionaux même, qui occupent Belfort, paraissent aussi gauches, aussi lourds que les Alsaciens. Si l'on n'a que de pareilles troupes à opposer aux Prussiens, la suite de la campagne est bien compromise.

On affirme, avec quelque certitude de vraisemblance, que l'on a vu des coureurs ennemis dans la vallée de Massevaux, près de Thann, et que des éclaireurs se sont engagés dans les vallées parallèles qui s'ouvrent à travers les chaînes des Vosges sur les plaines du Rhin. La nouvelle m'est donnée sous toutes réserves, par mon ancien collègue, le sous-préfet de Belfort, que le nouveau préfet du Haut-Rhin a eu le bon esprit de maintenir à son poste : S...., mon capitaine, qui survient, me la confirme. Il a laissé la compagnie à Saint-Maurice, dans les Vosges, et veut la rejoindre le jour même. Je le suivrai demain en ramenant au corps deux hommes sortant, l'un de l'hôpital, l'autre de prison. Telle est la première mission qui m'est confiée et mon début dans la vie de franc-tireur.

17 septembre. — J'ai couché à l'hôtel de l'Ancienne-Poste, le meilleur de la ville et le mieux situé, car il est à l'entrée du faubourg de France, et regarde l'esplanade, la ville et le château qui profile ses bastions gigantesques sur un ciel d'un bleu implacable. Mon ancienne qualité m'a valu la faveur d'occuper seul une chambre de domestique, tandis que chaque marche de l'escalier sert de lit à des officiers de tous grades.

A trois heures du matin on frappe à ma porte; ce sont les deux soldats, mes nouveaux camarades, qui viennent me chercher. Le capitaine S.... leur a dit la veille qui j'étais, et, dès le premier mot, ils me baptisent sous-lieutenant. Celui de la compagnie vient de la quitter, et ils ne veulent pas comprendre qu'après avoir été sous-préfet, je puisse servir dans leurs rangs comme simple soldat. J'ai beau les traiter en camarades et boire avec eux à ma bien venue, ils ne permettent pas que « mon lieutenant » nettoie ses chaussures ou boucle son havre-sac. — Le rendez-vous est à Saint-Maurice, et l'étape est de quarante-quatre kilomètres. Ce n'est pas mal pour un début. Nous partons au soleil levant.

La route de Giromagny, que nous suivons, traverse un pays d'une admirable fertilité. A notre gauche s'élèvent les collines boisées de la Haute-Saône, à droite s'étendent de verdoyantes prairies arrosées de nombreux cours d'eau qui s'abaissent jusqu'au Rhin. En face de nous se dressent les premiers ballons des Vosges estompés dans une brume bleuâtre que dissipent peu à peu les rayons du soleil levant. La journée est splendide. Les petits chariots du pays attelés d'un seul cheval sillonnent la route. Tous les passants nous interrogent et nous accompagnent de leurs vœux. On respire à l'aise dans cette atmosphère si pure, j'ai pourtant le cœur serré. Je tourne le dos à tout ce que j'aime : Quand reverrai-je les miens ? Les reverrai-je même jamais ?

Nous traversons successivement Valdoye, Sermamagny, Chaux, et nous arrivons à Giromagny où nous faisons halte. Une compagnie de francs-tireurs lyonnais, qui s'achemine aussi vers les Vosges, a choisi ce bourg pour sa grande halte. Ces frères d'armes participent du meunier pour leur costume et du brigand d'opéra-comique pour leur chapeau. Ils sont vêtus de blouses et de pantalons de toile grise, très-commodes pour les marches du jour; mais très-incommodes pour les bivouacs dans les Vosges, où les nuits sont déjà froides. Leurs feutres à hautes formes et à larges bords sont ornés de plumes de coqs. Mais les armes sont bonnes, et ceux qui les portent paraissent résolus à en faire un bon usage.

Giromagny est au pied même du premier contrefort du ballon d'Alsace. En quittant ce bourg, qui ne se compose que d'une seule rue, la route s'engage, en serpentant entre deux murailles de rochers, et parvient après de longs détours jusqu'au sommet du ballon où de nombreux bestiaux broutent en cette saison une herbe courte et fine sur laquelle nous nous étendons avec délices. Il est trois heures. De cette hauteur on découvre un splendide panorama, on plane sur un immense horizon. A nos pieds sont les riches campagnes de l'Alsace foulées en ce moment par des envahisseurs détestés que nous allons combattre, et dont le pays natal, le duché de Bade, est devant nos yeux charmés.

Mes deux compagnons, plus positifs que poètes, ne peuvent pourtant s'arracher à cette contemplation, et en redescendant les pentes escarpées qui nous conduisent à Saint-Maurice, ils jurent qu'ils emportent de ce panorama un souvenir ineffaçable.

A Saint-Maurice, nous sommes dans le département des Vosges. L'aspect de ce pays est bien différent de celui que nous venons de quitter. Aux horizons bleus et lointains des plaines rhénanes a succédé le paysage des montagnes où la vue est bornée par un horizon restreint, où il faut lever la tête pour regarder le ciel ; aux rivières lentes et calmes, coulant entre deux rives gazonnées et serpentant dans les prairies comme un ruban d'argent, ont succédé les torrents qui bondissent en écumant sur un lit de rocher. La verdure éternelle des sapins a remplacé le feuillage gai mais éphémère de la plaine. Cette rivière que nous franchissons sur un pont étroit, c'est la Moselle. Le clairon sonne le ralliement : nous distinguons un grand mouvement dans le village. La compagnie qui a couché ici va se remettre en marche, sans nous attendre. Nous descendons en courant les dernières pentes, et nous arrivons sur la place au moment où le lieutenant fait former les rangs.

La compagnie de Neuilly-sur-Seine, recrutée dans la banlieue de Paris à la fin d'août, et composée de Parisiens, est forte de 110 hommes, officiers compris. Les sous-officiers sont tous d'anciens soldats. Leur uniforme, sévère et martial, consiste en une vareuse noire, pantalon noir, guêtres blanches, képi noir à filets rouges. Les officiers ne se distinguent des soldats que par les insignes de grade sur la manche et au képi et des étoiles d'or au collet. Tous les corps d'état, toutes les industries y sont représentées. Le capitaine S. le plus loyal et le plus honnête homme du monde, est ingénieur civil. Le lieutenant, ancien sous-officier de chasseurs à pied, est loueur de voitures. Le sous-lieutenant qui a quitté était capitaine au long-cours.

Il y a dans les rangs un voyageur de commerce, deux entrepreneurs, un agent-voyer, un étudiant, quatre clercs de notaire, un photographe, neuf peintres en bâtiment, six coiffeurs, un tailleur de pierre, six horlogers, deux imprimeurs sur étoffes, deux ferblantiers, un jardinier, un charpentier, un menuisier, trois bouchers, deux plombiers, cinq blanchisseurs, un forgeron, un emballeur, un cocher d'omnibus, deux couvreurs, trois boulangers, deux charrons, un tisseur, un papetier, huit journaliers, cinq mécaniciens, un tanneur, un paveur, trois commis, un serrurier, un bijoutier, un cordonnier, un passementier, un marchand de porte-monnaies, et enfin un « gymnasiarque », comme il s'intitule, c'est-à-dire un des clowns les plus adroits du cirque des Champs-Elysées, excellent clairon, d'une force et d'une agilité peu communes, brave et bon garçon. Il y a un père et ses deux fils. — Le plus âgé de la compagnie a 53 ans, le plus jeune 17 ans. Tous ont quitté leurs familles, leurs femmes, leur commerce par dévouement, et témoignent du plus ardent désir de voir l'ennemi. Depuis un mois qu'ils sont cantonnés dans un petit village sous le canon de Belfort, on les a rompus à la discipline, à l'exercice, à l'existence du soldat. Plusieurs sont d'excellents tireurs et ont prouvé, dans les exercices à feu, qu'ils sauraient faire un bon usage de leurs carabines Minié transformées, autrement dit à tabatières, armes trop pesantes, et dont les cartouches surchargent le soldat.

Ce sont de vrais enfants de Paris, gais, insoucieux de la fatigue et chantant toujours. — En marche, S.... n'a pas besoin de les exciter à entonner en chœur des chansons interminables qu'ils ont composées eux-mêmes, et qui rachètent l'absence de poésie par l'avantage de marquer le pas, de distraire les hommes et d'abréger les distances de l'étape.

Au moyen de bons de réquisition, une petite voiture du pays, renouvelée à chaque étape, porte les valises des officiers, les registres de comptabilité de la compagnie, tenus par S.... avec un soin scrupuleux, les cartouches de réserve, les havre-sacs des éclopés et quelquefois les éclopés eux-mêmes. Assimilés à ceux de l'armée régulière, les officiers touchent la même solde que leurs collègues en campagne : le sergent-major reçoit 1 fr. 70 centimes par jour, le sergent 1 franc 40 centimes, les caporaux 1 franc 20 centimes, les clairons et les soldats 1 franc. Une retenue de 10 centimes par homme sert à instituer une masse pour parer aux éventualités. A l'appel du matin, le prêt est fait par le sergent-major, et les hommes sont tenus en conséquence de se nourrir. Chaque caporal achète les provisions pour son escouade. La sympathie des villages que l'on traverse fait le reste et fournit libéralement le liquide, trop libéralement même, si j'en crois l'expansion de la plupart de mes nouveaux frères d'armes lorsque le lieutenant me présente à eux et m'incorpore dans la première escouade; c'est ma taille qui me vaut cet honneur.

Le capitaine S.... a précédé la compagnie à Bussang, où l'on couchera. L'ennemi s'est montré à l'entrée de la vallée de Saint-Amarin que commande le col de Bussang. Il faut l'occuper avant lui et l'y recevoir. L'étape de Saint-Maurice à Bussang n'est que de six kilomètres, une bagatelle pour des hommes reposés Pour moi et mes deux compagnons, elle complète les cinquante kilomètres qui sont notre début. — Nous avons le sac au dos et le fusil sur l'épaule. Les clairons sonnent la marche des chasseurs à pied et nous partons!

Nous arrivons à Bussang à six heures. Je suis décidément baptisé sous-lieutenant, malgré mes protestations. Le caporal de mon escouade à qui je dois respect et obéissance, ne me parle que la main au képi et en m'appelant « mon lieutenant ». — S.... qui me reçoit à Bussang, veut immédiatement ratifier le choix de ses soldats. Je le supplie de n'en rien faire, et il demeure convenu que je ferai le service de soldat, mais que je vivrai, en dehors du service, avec les officiers; la cohabitation nocturne avec les Parisiens offre trop de désagréments.—On règle ainsi le service. Partout où nous séjournerons, la mairie sera occupée par un poste commandé par un sous-officier et un caporal, les soldats seront logés par billets de logement chez l'habitant. Les officiers et sous-officiers donneront leurs adresses au capitaine dans la maison duquel un clairon sera toujours de planton, afin de pouvoir réunir la compagnie au premier signal donné par le capitaine.

Bussang est un gros village arrosé par la Moselle. Ses célèbres eaux ont rendu son nom populaire. Nous avons voulu en boire sur les lieux mêmes, et l'aubergiste, chez qui nous prenions notre repas, nous a annoncé que l'on n'en exportait pas moins de trente mille bouteilles par an. L'été attire à Bussang un nombre restreint de buveurs d'eau, qui ne peuvent trouver aucune distraction que dans la promenade. Il n'y a aucune ressource matérielle à Bussang. Les seules maisons de belle apparence appartiennent à MM. P... père et fils, riches industriels, chez qui nous sommes logés. J'échois en partage à M. P... fils, qui m'offre un lit comme je n'en ai jamais vu. Trois oreillers superposés me forcent à rester assis sous une montagne d'édredon, que couronne un gigantesque bonnet de coton, avec lequel je me fais du bien. Jusqu'à minuit, les chansons du boulevard, les couplets des vaudevilles et des féeries retentissent dans les rues du village endormi. J'ai payé ma bienvenue au corps. — Mais le silence s'établit peu à peu, et je m'endors bercé par le murmure de la Moselle sur les rochers qui tapissent son lit.

18 septembre. — Le clairon nous réveille au point du jour, mais les hommes savent déjà qu'ils n'auront aujourd'hui qu'une étape de huit kilomètres et à installer le bivouac ; ils ne se pressent pas de se réunir sur la place où les officiers se promènent en les attendant. Le capitaine se fâche, le clairon sonne de toutes ses forces, quitte son instrument pour apostropher les traînards dans un langage plus pittoresque que choisi, et resouffle de plus belle. Le capitaine est furieux ; pour la première fois depuis que je le connais, il a juré, mais si peu, si peu, que ce n'était pas la peine. Le lieutenant, qui en a vu bien d'autres, sacre comme un charretier embourbé et prend au collet les soldats pour les jeter dans les rangs. Ce petit homme, trapu, rond, aux cheveux et à la barbe blonds et aux yeux bleus, a une énergie et une gaîté exubérantes. Les soldats aiment et respectent le capitaine, mais ils craignent le lieutenant qui en obtient par là tout ce qu'il veut. — Le tout est de ma faute un peu, c'est la bienvenue de la veille qui a fait dormir plus longtemps.

Ce brouhaha a fini par éveiller tout le village ; les paysans et leurs femmes, en toilettes primitives, nous entourent, et ces bonnes gens deviennent si pressants pour que l'on se « réchauffe » avant de partir, pour que l'on boive ensemble à la France et à notre heureuse chance, que S... entraîne la compagnie au pas de course. Je reste avec mon escouade pour escorter la voiture de bagages. Nous partons une heure après la compagnie, un peu dispersés, comme des écoliers en vacances. Il n'y a aucun risque à courir puisque la compagnie nous précède et que la route que nous suivons, la seule qui conduise à Saint-Amarin, s'encaissant de plus en plus entre deux parois de rochers à pic, ne permet pas aux éclaireurs prussiens de nous tourner.

D'ailleurs, on se familiarise avec tout, avec le danger comme avec le reste, tellement l'homme « est un étrange animal, monsieur, » comme me disait un jour un de mes juges-de-paix dans une visite officielle.

Au sortir de Bussang, la route continuant à s'élever en pente, décrit de nombreux circuits sur les flancs des deux montagnes. L'ancienne route, qui n'est plus fréquentée par les voitures, est celle que je prends avec le sergent commandant l'escorte. Elle laisse à gauche le bâtiment très-simple qui recouvre les trois sources minérales, et se dirige en droite ligne sur le col de Bussang; des ruisseaux la traversent à chaque instant. C'est aujourd'hui dimanche, et nous rencontrons les habitants des hameaux qui descendent au village pour l'office. Le col, que nous atteignons bientôt, est formé par un bloc de rochers sous lequel on a creusé un tunnel maçonné, long d'environ cent cinquante mètres. Un officier du génie, venu d'Épinal, y a fait exécuter déjà par les paysans quelques travaux de défense. Les deux extrémités de la galerie sont obstruées par des barricades en pierres sèches, de manière à ne laisser que le passage d'une seule voiture. Un épaulement en terre barre la route à la sortie du tunnel, au-dessus duquel de grands abatis d'arbres fournissent un abri excellent pour les tirailleurs. Les montagnes, hérissées de sapins, se dressent à pic des deux côtés et ne permettent pas d'être dominés. L'ennemi ne peut attaquer la position que de front, et les détours de la route, qui commence à descendre, ne lui permettraient pas de se servir de son artillerie avec quelque efficacité. C'est une position inexpugnable. La compagnie des francs-tireurs lyonnais. que j'avais rencontrée à Giromagny, nous y a précédé en traversant Bussang pendant la nuit, et ses feux de bivouac brillent dans le feuillage des deux côtés du col. Son commandant vient me serrer la main. C'est un grand homme, décharné, un vrai don Quichotte, qui a fait toutes les campagnes de l'Empire, à en juger par les médailles qui ornent sa blouse blanche. Il y a deux femmes dans cette compagnie, l'une est brune, l'autre est blonde, et toutes deux portent l'uniforme avec une désinvolture toute masculine. La première a voulu suivre son père et son frère, l'autre son mari.

Nous retrouvons enfin la compagnie à deux kilomètres au delà. La position choisie par S... est si bonne que nous l'aurions dépassée sans avoir vu nos camarades si nous n'avions entendu des cris d'appel qui paraissaient descendre du ciel. A l'extrémité du col, à l'endroit où la vallée prend naissance, la route s'infléchit brusquement à droite, et descend ensuite en droite ligne dans le petit village d'Urbès. Un bloc de rochers domine la route et la commande sur un développement de deux mille mètres environ. C'est sur ce rocher, derrière un rideau de sapins magnifiques, que la compagnie installe son bivouac. On dirait une fourmilière sur laquelle on a marché. Tout le monde est en mouvement, habit bas, les manches retroussées et travaillant de bon cœur. — Les uns maçonnent des cheminées pour les marmites, d'autres coupent de longues branches de sapin pour former les gourbis, d'autres encore ramassent des brassées de fougère pour remplacer les matelas. Les cuisiniers sont descendus à Urbès pour y chercher la viande et le sel. On a du pain frais, et quant à la boisson, l'eau d'une source qui traverse le campement, réchauffée par quelques gouttes d'eau-de-vie, en fournira de la plus agréable qualité. Chaque homme a sa toile de tente et son sac de couchage, mais S... a jugé que ces toiles blanches, se détachant sur les rochers et les sapins, décèleraient notre présence. Nous voulons surprendre et n'être pas surpris. Il est bon, d'ailleurs, de nous habituer au bivouac en plein air, puisque telle sera désormais notre existence. La fumée des feux n'est pas perceptible parmi ces grands arbres à une certaine distance, et à partir du coucher du soleil les feux doivent être éteints. — Les deux officiers et moi nous faisons nous-mêmes notre gourbi, et je dois dire qu'il est beaucoup plus mal réussi que celui des soldats. Une botte de paille, prise sur la voiture, remplace la fougère, et pour oreiller j'ai mon havresac.

La nuit arrive, et nous goûtons pour la première fois à la soupe du soldat, les feux s'éteignent ; un cordon de sentinelles enveloppe le camp, mais elles ont la malencontreuse idée de s'appeler tous les quarts-d'heure pour s'assurer que tout le monde veille à son poste. Nous gagnons notre abri, et serrés tous les trois les uns contre les autres, nous essayons de dormir. Mais impossible ! le lieutenant a disposé notre paille et notre lit sans s'apercevoir que le sol offre une pente sensible. Nous avons les pieds en l'air et la tête en bas ; le vent s'élève et traverse notre gourbi : il produit, dans les hautes cimes des sapins, le bruit de la mer se brisant sur les falaises des côtes de ma Picardie. Le cri de « sentinelle, prenez-garde à vous ! » répété tous les quarts-d'heure, retentit dans l'obscurité. Le caporal de pose, en allant relever les hommes de garde, toutes les heures, trébuche et roule dans les rochers, en jurant tous les saints du paradis. Je me décide à sortir du gourbi. Le spectacle que j'ai sous les yeux est grandiose : la lune est radieuse dans un ciel constellé d'étoiles : des vapeurs argentées montent de la vallée endormie. La grande voix du vent soupire à travers les troncs des sapins, majestueux comme les piliers d'une gigantesque cathédrale, et supportant une voute sombre à travers laquelle la lune produit des effets de lumière inconnus à la palette des peintres. Le gazon blanchit sous le givre précoce dans ces solitudes élevées. Que font, en ce moment, ceux que nous aimons? Ont-ils une pensée pour nous? une mélancolie indéfinissable m'envahit, et le jour me trouve à la même place, plongé dans des pensées que le soleil levant dissipe, comme le réveil chasse les fantômes et les rêves de la nuit.

19 septembre. — La journée a paru longue à tout le monde. Chacun est allé faire ses ablutions à la source. Après le déjeuner, les barbiers, mis en réquisition, ont rasé toute la compagnie. Les patients sont assis sur un rocher, un sac de couchage tient lieu de serviette, et la main du barbier fait l'office de blaireau. — A midi chacun est propre et dispos. La correspondance est à la hausse. — Le vaguemestre, qui part pour Bussang, ne sait auquel entendre. Toutes ces lettres sont adressées à Paris, que les Prussiens entourent. Pas une n'arrivera, ou n'arrivera que quand la plupart de ceux qui les ont écrites seront morts. — S.... a appris de bonne source que les éclaireurs prussiens, trompés sur notre nombre, se sont retirés. Les gardes nationales de Bussang, de Saint-Maurice et de quelques autres villages vont occuper le col de Bussang : nous n'avons plus que faire ici.

Demain matin, le camp sera levé, et nous nous dirigerons vers le fameux tunnel de Saverne que le maréchal de Mac-Mahon a livré sans le détruire, de même qu'il a livré la chaîne des Vosges sans combat. S.... veut essayer de le faire sauter, et il espère, du moins, que dans le voisinage de Saverne, nous aurons quelques bons coups à tenter. Dans l'après-midi, il se relâche donc de sa rigueur de convention, et tout ce qui n'est pas retenu à la garde du camp, ou mis au bloc, va se désaltérer à Urbès, où l'on nous reçoit en ennemis.

Les habitants, le Maire lui-même, nous supplient de quitter au plus vite le pays sur lequel notre présence doit attirer les vengeances des Prussiens. Personne de nous ne peut cacher son dégoût, et nous n'aspirons qu'après le départ. — La nuit ressemble à celle qui l'a précédée, sauf que quelques ivrognes, mis à la garde du camp, sans couvertures, se lamentent sur la cruauté du capitaine, sur leur mort prochaine, et nous empêchent de goûter le moindre sommeil. L'un d'eux récite à perdre haleine des vers de Musset, et, quand il en est à « la blonde qu'il adore », il introduit sa tête dans notre gourbi, et proteste que s'il adore quelqu'un, ce n'est pas le lieutenant qui l'a mis au clou ! Puis il nous parle de ses vieux parents et de sa congélation imminente. Nous avons commencé par en rire ; mais le lieutenant, qui rage, demande à le faire baillonner. — Le soleil est levé que nous rions encore, et notre ivrogne dégèle.

20 septembre. — On lève le camp, et comme de grands enfants qu'ils sont, tous nos hommes sont enchantés de changer de place. Personne ne manque à l'appel, et à six heures précises, la compagnie quitte, sans regarder en arrière, ce bivouac que personne de nous ne reverra. Je suis d'avant-garde, cette fois, et nous marchons si bien que la colonne ne pourra jamais nous rejoindre. Après Urbès, nous quittons la vallée, et, tournant à gauche, nous gravissons les collines qui s'abaissent, et nous faisons la grande halte à Ventron. Nous sommes de nouveau dans les Vosges. Ventron est un grand village, sur un affluent de la Moselle, dont les habitants nous reçoivent avec cordialité. Nous y séjournons une heure, et, dès que la colonne apparaît dans le lointain, nous nous remettons en marche jusqu'à la Bresse, où l'on couche.

Ma mauvaise étoile me conduit chez le capitaine de pompiers, qui a été tué la veille dans un exercice à feu.

La chambre qu'on me donne est tellement remplie de légumes et de fruits, qu'il me faut déployer une dextérité dont je ne me croyais pas capable pour gagner mon lit sans rien écraser. La Moselotte, rivière étroite, encaissée et bruyante, coule sous ma fenêtre, mais les 32 kilomètres que nous venons de parcourir par une chaleur accablante sont le plus puissant des soporifiques. Le rappel est sonné depuis longtemps, que je dors encore. Sans le clairon de service, je ne sais si je me serais éveillé.

21 septembre. — C'est le chemin du paradis ! étroit, peu fréquenté et si abrupt que la voiture de bagages resterait sur place, si l'escouade d'escorte ne s'attelait et ne poussait. — « On ne dira pas, s'écrie-t-on de ce côté, que le capitaine nous conduit par un chemin où il n'y a pas de pierres ! » — On a semé, pour ainsi dire, d'énormes pierres sur la route, sans compter les coupures et les barricades en pierres sèches. Tout cela est destiné à donner du désagrément à l'ennemi, mais, en attendant, cela en donne, et beaucoup, aux amis. Quelle nécessité voit-on à entraver ainsi la circulation, à préparer de grandes dépenses au gouvernement, si l'on n'a pas l'intention de défendre ces obstacles que l'on dresse partout ? Il n'y a aucune troupe par ici, que quelques compagnies franches, qui ne peuvent prétendre qu'à retarder la marche de l'ennemi, mais nullement à l'arrêter, et encore moins à le faire reculer.

La chaleur est accablante, et les chansons accoutumées ne se font plus entendre. Le paysage est aride : on ne rencontre ni ombre ni eau. La vue d'une forêt de sapins nous rend un peu de courage, la route s'élargit, descend en pente douce, et à un dernier détour, la compagnie tout entière s'arrête sans que personne ait fait entendre le commandement de « halte ! » Gérardmer est à nos pieds, et Gérardmer n'a pas usurpé la réputation qu'on lui a faite, d'être le site le plus pittoresque des Vosges. Le lac est entouré d'une ceinture de sapins : il est si limpide qu'il réfléchit jusqu'aux moindres détails du paysage grandiose qui l'environne. Les maisons, coquettement bâties, attestent la nombreuse population nomade qu'elles reçoivent pendant l'été. A peine les faisceaux sont-ils formés, que chacun, oubliant sa fatigue, veut voir de plus près ce lac d'une étendue de 116 hectares, et qui n'a pas moins de 35 mètres de profondeur. On voudrait vivre ici, et qu'il y ferait bon à oublier !

Notre arrivée imprévue a mis en rumeur toute la population qui s'empresse et se dispute à qui hébergera nos soldats. Mais si l'hospitalité des habitants se donne, celle des aubergistes se vend, et fort cher. Nous commettons l'imprudence de vouloir faire un bon repas, de goûter des poissons du lac, des chevreuils de la forêt, et quand nous sortons, l'estomac bien garni, notre bourse, déjà bien maigre, est à faire pitié. — 29 kilomètres nous séparent encore de Saint-Dié, où la compagnie prendra un repos de deux jours dont nos jeunes soldats ont grand besoin. Aucun d'eux n'est resté en arrière, mais la plupart ont les pieds ensanglantés et meurtris. Il faut aussi habiller quelques recrues et arrêter définitivement le plan de nos opérations futures. Après déjeuner, personne ne doute de rien, et c'est alors que l'impossible est surtout possible. Tout le monde demande à coucher à Saint-Dié le soir même, mais S.... décide fort sagement que l'on fera étape à Anould, et que 17 kilomètres suffiront et au-delà pour venir à bout de cette ardeur factice.

Il est de fait qu'en arrivant à Anould, à la nuit tombante, on n'entend pas une voix s'élever pour réclamer de poursuivre. Rien n'est plus beau, plus pittoresque, que le trajet de Gérardmer à Anould. La route traverse constamment des forêts de sapins, croissant parmi les rochers de grès rouge particuliers aux Vosges. Ce grès employé pour les édifices, leur donne un cachet tout particulier. C'est le même qui a servi pour la cathédrale de Strasbourg, pour les forteresses dont les ruines couronnent les ballons des Vosges et dominent les plaines de l'Alsace.

Jusqu'à présent, dans nos étapes, le capitaine a toujours logé chez les maires et le lieutenant chez les curés. Cette fois le presbytère m'échoit en partage, et je garderai toujours le souvenir de l'hospitalité que m'a donnée le bon vieux curé d'Anould. Nous nous embrassons comme de vieux amis quand je le quitte, et il me promet de prier Dieu pour moi.

22 septembre. — L'étape ne sera que de douze kilomètres ; nous ne partons qu'à sept heures. A dix heures nous entrons à Saint-Dié, après avoir

défilé devant le bivouac d'un bataillon de la garde mobile de la Meurthe, celui de Lunéville.

Saint-Dié est une charmante petite ville, beaucoup plus animée que ne le ferait croire le chiffre de sa population. Elle a deux ou trois belles rues, bordées de riches magasins, une belle cathédrale et surtout une église de style roman le plus pur, et merveilleusement conservée. Sur la grande place s'élève une pyramide consacrée à la mémoire du roi Stanislas. Les allées du parc qui s'étendent sur les bords de la Meurthe, et qui forment une charmante promenade, sont désertes aujourd'hui. Toute la vie s'est concentrée autour des édifices publics, de l'Hôtel-de-Ville surtout, où l'on affiche les nouvelles de la guerre, d'où partent et où arrivent à chaque instant des estafettes.

Je suis logé chez une vieille dame qui me soigne comme son fils. Je me flattais déjà d'avoir presque retrouvé le *at home* dont je serai privé pendant si longtemps, lorsqu'un clairon arrive, tout haletant, m'annoncer que l'on sonne aux armes, que les Prussiens sont près d'ici et que nous allons partir sur-le-champ. Remettre sac au dos et courir sur la place n'est que l'affaire d'un instant. Nos hommes sont déjà presque tous réunis et les commentaires vont leur train. Le capitaine est chez le sous-préfet, et je vais l'y rejoindre et lui annoncer que nous sommes sous les armes.

M. le sous-préfet de Saint-Dié est un des produits du Quatre Septembre, et pas des moins curieux. Il a l'âge où l'on quitte à peine les bancs des écoles, vingt-deux ans au plus, l'extérieur d'un petit crevé et des façons de pacha qui seraient fort réjouissantes en toute autre circonstance. Se modelant sur son chef, le « citoyen » Georges, préfet des Vosges, il ne respire que combats et massacres. Il n'administre plus, c'est un général en chef. L'arrondissement s'administre tout seul pendant que M. le sous-préfet fait des plans de campagne. A mon grand regret, je vois que S..., trop bon et trop facile, nous a mis à sa discrétion, et que, malgré l'ordre du ministre qui lui accorde une indépendance absolue, nous allons être enrégimentés pour la défense de Saint-Dié. Mes observations arrivent trop tard, S... s'est engagé. Voici en somme ce qui s'est passé : Celles est un gros village à trente kilomètres de Saint-Dié, dans une vallée qui confine au département de la Meurthe, occupé par l'ennemi. Les Prussiens sont descendus dans cette vallée en reconnaissance, de Badonvillers où ils sont cantonnés. Le maire de Celles a prévenu le sous-préfet, qu'il n'avait sous la main que peu de gens de bonne volonté. S... est arrivé sur ces entrefaites et a offert son concours. Les avis sont partagés, d'ailleurs. La compagnie G..., forte de cent hommes, arrive de la vallée de Celles pendant que l'on délibère. J'interroge le capitaine G..., qui déclare que tous ces bruits sont autant de mensonges, qu'il n'a pas vu un seul Prussien. Comme il faut s'informer encore, avant de lancer une colonne dans une fausse direction, il est convenu que l'expédition sera remise au lendemain. S... fait rompre les rangs à la compagnie, et nous allons dîner.

La soirée est triste, quoique les cafés regorgent d'officiers. C'est demain que nous recevrons le baptême du feu, et, malgré nous, nous ne pouvons nous défendre d'une secrète inquiétude en pensant à la journée qui se prépare. Il n'est pas un soldat qui échappe au sentiment qui nous absorbe, lorsque, pour la première fois, il va jouer sa vie. Je ne veux pas, pour ma part, me faire plus brave que je ne le suis, et j'avoue que je ne prends part que du bout des lèvres aux plaisanteries qui se croisent. J'en veux d'ailleurs un peu à S... de s'être laissé détourner du but qu'il s'était proposé, et de courir les aventures dans d'aussi mauvaises conditions. Cela me fait mal augurer pour l'avenir de nos opérations. Outre notre compagnie, il y a en ce moment, à Saint-Dié, deux autres compagnies franches, celle du capitaine G...d, et celle des Vosgiens de Paris. Toutes deux refusent de se joindre à nous; la première parce que, dit-elle, elle ne veut pas faire une course inutile; la seconde, parce qu'elle n'est pas entièrement armée, et pourtant chaque homme a un chassepot et un révolver. Leur faut-il encore un canon?

Il en résulte que l'expédition est hasardeuse et que nul ne se soucie d'en partager les dangers. Le sous-préfet a éprouvé un refus catégorique de leur part; nous partirons avec le bataillon de la garde mobile de la Meurthe, et nous lui servirons d'avant-garde. Il y a, en outre, trois compagnies franches qui tiennent la campagne, à Raon-l'Étape, dans la vallée de Schirmeck, et au Donon, les francs-tireurs de Colmar, la compagnie S... et celle de Luxeuil.

Je puis affirmer que personne n'a dormi pendant la nuit. Je l'ai, pour ma part, passée à nettoyer toutes les pièces de mon chassepot et à écrire aux miens.

23 septembre.—A quatre heures et demie, tandis que la ville dort encore, nous sommes tous réunis sur la grande place. A cinq heures sonnant à la cathédrale, nous partons, et nous attendons en dehors de la ville la garde mobile qui ne tarde pas à déboucher. C'est un beau bataillon, fort de cinq cents hommes, qui manœuvre comme de vieilles troupes. Nous allons lui servir d'éclaireurs. La route, qui se maintient toujours dans le fond d la vallée, longe jusqu'à Raon-l'Étape le chemin de fer qui relie Saint-Dié à Lunéville. De hautes montagnes boisées la dominent des deux côtés. Nous arrivons à dix heures à Raon, après avoir parcouru 16 kilomètres. Raon, où nous faisons la grande halte, est un bourg pittoresque, au con-

fluent de la Meurthe et de la Plaine, à l'embouchure de la jolie vallée de Celles ou de la Plaine, qui va se terminer contre les pentes du Donon où la Plaine prend naissance. Après une heure de repos à Raon, nous partons pour Celles sous la conduite d'un garde-forestier, que l'on nous a donné pour guide dans la crainte qu'il n'aille offrir ses services aux Prussiens. 12 kilomètres séparent Raon de Celles. A quelque distance de ce dernier village, on fait halte pour charger les armes, et les officiers inspectent les amorces de leurs révolvers. C'est un moment imposant. On se serre la main en silence. Au commandement : « Déployez-vous en tirailleurs, » nous quittons la route pour nous étendre dans les bois qui garnissent le flanc droit de la route. Notre flanc gauche est protégé par la rivière de la Plaine, que l'on ne peut traverser à gué et qui nous protège contre une surprise, si la largeur de la vallée ne nous défend pas des armes à longue portée. La garde mobile, massée en colonne, suit la route, prête à nous appuyer.

Il règne dans la vallée un silence profond. J'interroge avec quelque anxiété ces sombres masses de verdure de la rive gauche, qui doivent recéler l'ennemi, et d'où la mort va peut-être nous arriver. Notre marche à travers les sapins est entravée à chaque instant par des blocs de rochers qu'il faut escalader pour ne pas perdre nos distances. Chacun a le fusil haut et le doigt sur la détente, prêt à faire feu. La garde mobile est obligée de ralentir sa marche pour nous laisser prendre l'avance. Quelques coups de feu se font enfin entendre dans le lointain. Malgré toutes les difficultés du terrain, nous prenons le pas de course et nous débouchons à droite de Celles, dans le cirque au milieu duquel le village est bâti, pendant que la garde mobile s'engage dans les premières maisons du village. S.... interroge des habitants qui s'enfuient dans les bois, et apprend d'eux qu'une douzaine de fantassins prussiens viennent de quitter le village, après un court engagement avec les gardes nationaux de Raon, qui nous y avaient précédés depuis la veille. Ils ont emporté deux blessés, et en ont laissé un que l'on vient de retrouver mourant dans un jardin. Ils ont riposté, et le capitaine des pompiers de Celles, qui se tenait sur le seuil de sa porte, a eu la poitrine traversée d'une balle. Le même projectile a brisé le bras de sa femme qui était auprès de lui.

Le commandant de la mobile et S.... tiennent conseil à la mairie, et l'on se décide à poursuivre l'ennemi qui s'est enfoncé dans les bois, dans la direction de Pierre-Percée, le premier village de la Meurthe. — Il est trois heures. — Rien n'arrête S...., ni l'heure avancée, ni la fatigue de nos hommes qui ont déjà parcouru vingt-huit kilomètres sous un soleil de feu. Il y a deux moyens de gagner Pierre-Percée, qui est situé derrière la montagne, à gauche de Celles : un sentier abrupt qui franchit la montagne en droite ligne, et une route qui contourne les escarpements, et, par un détour, conduit au même but en traversant une scierie nommée scierie Lajud. Notre compagnie prendra le chemin le plus court, et la garde mobile le plus long. Si les Prussiens nous attendent ils seront pris entre deux feux. Cette fois, la garde mobile tient la tête, mais nous ne tardons pas à nous séparer.

A la vue de notre sentier le découragement s'empare des plus résolus. Il est si étroit qu'il faut marcher à la file. Un garde forestier prend les devants, suivi par C.... ; les rangs sont rompus, les escouades mêlées. Je me trouve chargé de conduire une moitié de la compagnie, et le désordre augmente, malgré mes menaces et mes supplications. Chacun se débarrasse de ce qui le gêne, les bidons remplis de viande roulent à grand bruit sur les rochers, les malédictions éclatent de toutes parts ; quelques hommes se couchent et refusent d'avancer. Vingt-cinq hommes résolus postés au sommet de la montagne auraient raison de nous en ce moment et nous tueraient tous en détail. — Quelques retardataires de la garde mobile se sont joints à nous. Un coup de feu éclate et un des mobiles tombe à dix pas de moi. Une décharge générale suit immédiatement : les balles sifflent et s'aplatissent sur les rochers avec un bruit sourd. Deux autres gardes mobiles tombent encore et ne se relèvent plus. En avant! En avant! C'est l'ennemi! Cette alerte a galvanisé les plus las. On riposte un peu au hasard, et nous débouchons sur un petit plateau où l'on s'arrête pour se compter. S... a pris les devants avec une soixantaine des plus agiles. C'est nous qui avons reçu le baptême : personne de mon détachement n'a été atteint. Au moment du danger j'ai pris le commandement, et nul ne songe à me le refuser. Tout est redevenu silencieux. On me signale une dizaine d'hommes qui sont restés en chemin, épuisés de fatigue. J'ordonne aux soldats de m'attendre, embusqués derrière les sapins, et je cours chercher les retardataires. Ils ont jeté leurs havre-sacs et leurs fusils, et me déclarent que rien, pas même la certitude d'une mort prochaine, ne leur ferait faire un pas de plus.

Deux seulement, dont un ancien marin et l'un des plus âgés, se lèvent et se déclarent prêts à me suivre. — Nous gravissons le sentier, nous abritant derrière tous les accidents de terrain. Rien! pas un bruit, pas un murmure! Ce serait à croire que nous avons rêvé tout-à-l'heure, sans les trois cadavres qu'il faut franchir. Tous trois ont été frappés à la tête; leur visage est calme. Leurs yeux, ouverts, ont un regard fixe qui nous fait frémir. Ils regardent l'éternité. — « En voilà toujours trois qui ont cassé leur pipe, mon lieutenant, — dit le vieux marin. — A qui la pose à présent? »

Le plateau est désert ; que sont devenus ceux que j'y avais laissés une heure avant ? Mes deux compagnons veulent appeler, je les empêche de le faire. Notre situation est critique. Le soleil baisse à l'horizon. Nous sommes égarés, car, en cherchant la compagnie, nous avons marché assez longtemps dans la forêt. — Une éclaircie nous attire. C'est une vallée dans laquelle la brume du soir est piquée de quelques points lumineux. J'avise à notre gauche un pic, haut d'environ cinquante mètres et surmonté d'une sorte de dolmen. Nous ne pourrons être surpris là, mais la nuit qu'il faut y passer sera rude. Le vent s'est élevé et courbe les sapins avec un bruit mélancolique. Il nous pénètre malgré nos vêtements de laine que nous maudissions pendant la journée. Chacun de nous a, fort heureusement, sa couverture sur le havre-sac. Le marin a conservé le bidon de son escouade et la viande qu'il contenait, mais elle est crue, et la prudence nous interdit d'allumer du feu qui attirerait les Prussiens. A la grâce de Dieu !

Nous gravissons le tertre, et nous découvrons en face de nous une forteresse en ruines dont l'aspect grandiose, dont les tours gigantesques découpées sur le ciel qui s'assombrit, me font oublier ma fatigue. Un petit village s'abrite à l'ombre du donjon féodal. C'est Pierre-Percée, et le château est l'antique apanage des princes de Salm dont les descendants combattent aujourd'hui dans les rangs de nos adversaires. Nous sommes donc séparés du château par le vallon où se cache le village. Je suis distrait de ma contemplation par un bruit de pas ; au pied de notre abri des fusils brillent parmi les arbres. Ce sont des gardes mobiles conduits par un officier. Séparés de leur bataillon depuis l'entrée de la forêt. ils marchent sur Pierre-Percée où ils espèrent le retrouver. L'officier qui les guide, jeune homme de vingt-deux ans, est le chirurgien-major. Il a sept hommes avec lui, et un cheval qui porte la pharmacie et quelques provisions. Il m'offre d'aller à la découverte jusque dans le village qu'il connaît parfaitement, puisqu'il est né à Badonvillers qu'il habite. J'accepte, et quelques instants après, il revient me dire que la route est libre jusqu'à la sortie de la forêt. Au moment de quitter l'abri protecteur de nos sapins, j'ordonne aux soldats de ne pas se montrer, et le major et moi, nous rampons à plat ventre à travers un pré à l'extrémité duquel est la première maison. Six soldats prussiens y sont couchés, morts. On les a déchaussés et ils n'ont plus leurs armes.

L'ennemi a dû battre en retraite rapidement, car il a l'habitude d'emporter ses morts. Une exclamation étouffée du chirurgien m'arrête court. Sa main étendue m'indique un groupe que la lune éclaire imparfaitement. Il me semble distinguer des fusils en faisceaux et quelques hommes couchés à terre.

Après un examen attentif, mon compagnon se

met à rire. Ce sont des perches liées par leur sommet, et d'où le vent a fait tomber des vêtements qui séchaient. — Je donne à nos hommes le signal convenu, et nous entourons en silence la première maison. Épouvantés de notre apparition, les habitants se sauvent. La femme est à nos genoux tandis que le mari se barricade dans le grenier. A force de parlementer, et devant la menace de voir incendier sa maison, l'homme se décide enfin à descendre. Il nous apprend que ma compagnie a surpris les Prussiens en train de prendre leur repas. Six sont tombés dans son pré. Un septième a été tué d'une balle au milieu du front par un paysan de Celles, adroit tireur, au moment où il sortait d'une maison où il venait de voler du sucre, et on l'a jeté dans le cimetière. On n'attend que la nuit pour inhumer tous ces cadavres, afin de dérober le village à la vengeance de l'ennemi. Ma compagnie et la garde mobile ont opéré leur jonction dans le vieux château des princes de Salm où s'étaient retranchés deux cents hommes. L'officier qui les commandait, grièvement blessé, a continué à se défendre avec son révolver jusqu'à ce qu'une balle ait mis fin à son agonie. Il paraît que c'est un Salm qui a trouvé la mort du soldat dans les ruines du château de ses pères. Étrange effet de la destinée. — Nos troupes sont retournées à Celles par le vallon. Il s'agit de les y rejoindre, et nous n'avons pas de guide.

Le paysan refuse net de nous en servir. Voyant

que les arguments sont inutiles, je tire mon révolver et le lui appuyant sur le dos, je lui signifie de marcher le premier, en l'avertissant qu'au premier mouvement suspect, je le tue. — Cela suffit et nous allons à sa suite dans une obscurité croissante et par un sentier traversé de courants d'eau. Enfin, à huit heures et demie, nous apercevons des lumières. Nous sommes à Celles. Je me fais reconnaître des grand'gardes, et chacun se hâte de chercher un gîte. A l'exception d'une heure de repos à Raon, nous marchons depuis cinq heures du matin, et il y a douze heures que je n'ai mangé ni bu. Un aubergiste m'offre à souper et son propre lit, mais il me dit que l'on a transporté à la mairie le corps d'un des soldats de ma compagnie; je m'y fais conduire. Dans une salle basse, sous des toiles, sont étendus trois cadavres. Je m'agenouille auprès d'eux, et à la lueur douteuse d'une lanterne, je cherche à reconnaître des traits amis sur ces trois visages pâles et glacés. Deux appartiennent encore à la mobile de la Meurthe qui a largement payé sa dette aujourd'hui. Le troisième, dont le costume offre quelque analogie avec le nôtre, en effet, est un enfant de 18 ans à peine, natif de Pierre-Percée. Il a été tué dans son propre village où il entrait le premier. La balle l'a frappé à la tempe gauche et ne l'a pas défiguré. Il a l'air de dormir et de sourire. Son père vient le reconnaître, et je laisse le malheureux abîmé dans sa douleur. — Lui aujourd'hui, moi demain! Telle est la guerre.

J'apprends, en soupant, les détails de cet engagement. Un fort détachement prussien de quatre cents hommes, averti par un paysan de Pierre-Percée et guidé par ce traître qui, pour cinquante francs, avait promis de livrer ma compagnie, avait voulu nous tourner par le chemin de la scierie Lajud et devait s'y rencontrer avec la garde mobile. Mais la position était déjà gardée par les francs-tireurs de Luxeuil, une belle compagnie de quarante hommes seulement, composée de fonctionnaires de chasseurs, et admirablement armée. Les Prussiens, certains de réussir, arrivaient en chantant, lorsqu'une décharge meurtrière les arrêta sur place. Fusillés par des ennemis invisibles, en dix minutes ils perdent trente-sept hommes et deux officiers. Les francs-tireurs se replient, sans un blessé, et dépassent la scierie Lajud dans laquelle un mobile, blessé, avait cherché asile. Les Prussiens envahissent sa chambre, font feu sur lui, ne l'atteignent qu'aux deux bras et le jettent par la fenêtre. Le malheureux a le courage de ne pas pousser un soupir. Laissé pour mort par l'ennemi, il est relevé par les mobiles de la Meurthe et transporté à Celles.

Nous sommes en force maintenant. Outre la compagnie de Luxeuil, nous avons été ralliés par celle de Colmar, forte de deux cent cinquante hommes et qui a déjà fait ses preuves, et par la compagnie S..., de cent hommes. Nous avons cinq cents hommes, outre la garde nationale de Raon et de Celles ; la mobile est retournée à Raon, mais nous pouvons dormir tranquilles, et, en effet, la nuit se passe sans encombre.

24 septembre. — Les Prussiens ont évacué Badonvillers pendant la nuit et se sont retirés dans la direction de Lunéville. Voilà les nouvelles de ce matin. Aussi allons-nous tous rentrer à Raon-l'Étape, d'abord, puis à Saint-Dié. Toutes les troupes prennent les armes pour assister à l'inhumation, dans le cimetière de Celles, de deux des mobiles tués la veille. On n'a pu, je ne sais pourquoi, faire deux cercueils, et l'on apporte, sur une civière, les deux corps recouverts seulement d'un linceul. Nous partons à midi pour Raon, avec toutes les autres compagnies ; celle de Colmar forme l'arrière-garde. Le capitaine E..., qui la commande, nous raconte que la veille, au moment où nous nous déployions en tirailleurs sur la rive droite de la Plaine, sa compagnie, qui bordait les bois sur la rive gauche, nous a pris pour des Prussiens ; l'ordre allait être donné de commencer le feu, quand l'apparition de la mobile nous a fait reconnaître. Nous l'avons échappé belle, et le baptême du feu aurait pu nous être donné par nos compagnons d'armes.

Les impressions pénibles de la veille, la fatigue, tout est oublié. Nous rentrons gaîment dans Raon où la compagnie couchera. Avant de rompre les rangs, le capitaine me présente en qualité de sous-lieutenant à la compagnie, qui ratifie son choix par acclamations et à l'unanimité. Je suis envoyé à Saint-Dié pour y préparer les logements. Le fourrier de la compagnie de Colmar, un magistrat, m'accompagne, chargé par son capitaine d'une mission analogue. Il est minuit quand je frappe à la porte de l'excellente Mlle L..., où j'étais attendu.

25 septembre. — C'est dimanche, journée de repos complet. Nous faisons habiller les recrues, nous blanchissons notre linge, et nous flânons par la ville. La journée me paraît mortellement longue.

26 septembre. — Le préfet des Vosges envoie à Saint-Dié trois bataillons de garde mobile du département, formant un effectif de deux mille cinq cents hommes, et commandés par un lieutenant-colonel. Le bataillon de la Meurthe est désigné pour occuper Raon avec nous et avec la compagnie de Colmar. Il paraît que Raon est la clé des Vosges, à en croire le sous-préfet de Saint-Dié. Je ne m'en serais jamais douté pour ma part. Raon l'Étape, bourg de trois mille cinq cents âmes, est à la limite même des deux départements des Vosges et de la Meurthe. La Meurthe sépare la ville en deux parties. La vieille ville est traversée par la route de Saint-Dié à Lunéville par Baccarat; le

chemin de fer, coupant la vallée par le milieu, contourne la neuve ville. La vieille ville est adossée à une montagne boisée, dite du Château, qui sépare Raon de la vallee de Celles. Celle-ci vient déboucher dans Raon même, tandis que la vallée de Senones débouche à quatre kilomètres en arrière de Raon, sur la route de Saint-Dié. Les Prussiens ont donc deux voies pour nous aborder : par Celles ils peuvent prendre Raon dans le flanc; par Senones, ils peuvent nous déborder et couper toutes nos communications avec Saint-Dié; ils peuvent en outre nous attaquer de front par la grand'route de Lunéville, et cette dernière attaque nous met à la merci de leur artillerie, car en quittant Raon, la route s'élève en pente douce et remonte dans la plaine en traversant un plateau déboisé qui nous domine entièrement à dix-huit cents mètres. L'ennemi, s'il occupe cette position, commande par ses feux la route d'Épinal qui traverse la neuve ville et la vallée pour s'enfoncer à gauche dans la montagne, et la route de Saint-Dié sur un parcours de quatre kilomètres. Le cas échéant, nous n'avons que ces deux lignes de retraite, et si l'ennemi attaque de front et par Senones, nous n'avons plus que la route d'Épinal, et il faut s'y engager sous les obus. — Des juifs, qui servent d'espions à l'ennemi, circulent librement dans Raon et nous apprennent qu'il est en force à Baccarat, avec deux pièces de canon. Il va sans se dire que nous n'avons même pas un obusier de montagne, qui nous serait si utile. — On se loge à Raon chez l'habitant. Mon hôte est un marchand de bois qui a fait le coup de feu à Celles; il me donne une jolie chambre dont les fenêtres regardent la Meurthe et le pont. Devant moi s'étend la neuve ville, avec ses toits de tuiles rouges qui se détachent vivement sur la verdure sombre des sapins, le fond du tableau.

J'ai l'esprit agité de sinistres pressentiments. On ne se garde pas, et nous sommes à peine à trois lieues d'un ennemi qui a une revanche à prendre et qui sait nous compter à distance. Nous ne savons rien, nous ne nous informons de rien, et les Prussiens sont admirablement renseignés.

27 septembre. — La journée a été chaude! Merci à Dieu qui m'a protégé. J'écris ces lignes une heure à peine après le combat, avant d'aller passer la nuit aux avant-postes. Mes pressentiments ne m'avaient pas trompé! La fortune nous a donné le succès, un succès complet, alors que notre imprévoyance aurait dû nous infliger le plus éclatant désastre.

On a sonné le ralliement à onze heures. Nous allons pousser une reconnaissance jusqu'à Baccarat en avant-garde de la garde mobile. La compagnie de Colmar reste à la garde de Raon. Nos hommes ont été un peu lents à se rassembler, et le bataillon de la Meurthe s'ébranle le premier. Au moment où nous allons nous mettre en marche à notre tour, on entend un coup de canon à une faible distance, les femmes se précipitent autour de nous en nous suppliant de rester : Elles ne veulent pas comprendre que nous les défendrons plus efficacement en dehors de la ville. C'est une scène de confusion indescriptible. La compagnie de Colmar et la garde nationale sédentaire prennent les armes en toute hâte. Un second coup de canon retentit : c'est l'ennemi qui approche. S.... fait former la compagnie par demi-sections, jeter les sacs, charger les armes, et nous partons, au pas accéléré, par la route de Baccarat, aux cris de Vive la France !

A peine avons-nous atteint les dernières maisons du faubourg, que j'aperçois sur la hauteur, en face de nous, un nuage de fumée suivi d'une détonation.

L'obus, dirigé sur nous, éclate devant la première demi-section conduite par le capitaine et nous couvre tous d'un nuage de poussière et de cailloux arrachés à la route que l'obus a touchée. Je vois S.... chanceler et saisir son bras gauche : il est atteint ; au même instant, l'adjudant qui marchait à côté de moi, en avant de la 2e demi-section, s'accroche à mon épaule, en me disant : J'ai mon compte ! — Je le regarde, il est livide, et me montre sa cuisse gauche d'où le sang s'échappe en abondance. La fusée de l'obus (je viens de l'apprendre) l'a traversée de part en part. S.... n'a eu qu'une forte contusion au poignet gauche. Un second projectile troue le pignon d'une maison dont les pierres volent en éclats. Quelques gardes mobiles débandés arrivent en courant. J'apprends d'eux que le bataillon, sorti en colonne sans méfiance, a été accueilli par un coup de canon ; que si les Prussiens ne s'étaient pas tellement hâtés, ils pouvaient prendre la mobile en écharpe, au coude décrit par la route, et la couvrir de mitraille. Le bataillon s'est aussitôt déployé en tirailleurs et travaille à élever une barricade. Il est caché à l'ennemi qui nous découvre et nous prend pour objectif de son tir.

Nous avons été complètement surpris. Les paysans sont les complices des Prussiens. Il ne s'en est pas trouvé un pour nous venir prévenir. Et voilà les gens pour lesquels nous allons verser notre sang!

Les Prussiens ont quitté Baccarat le matin, au nombre de 1,200 fantassins, 50 cavaliers, avec deux pièces de quatre. Ils ont mis leurs canons en batterie en avant de la ferme du Clérut, sur le bord du plateau, à 1,500 mètres de Raon qu'ils dominent.

Une colonne de 600 hommes, précédée des cavaliers, descend sur Raon en suivant la route: les 600 autres fantassins sont rangés, l'arme au pied, derrière l'artillerie qui tire sans relâche. On voit distinctement les Prussiens en marche, dans un ordre admirable, d'un pas cadencé, comme s'ils faisaient une promenade militaire. Ils pensent qu'ils vont entrer dans la ville sans résistance.

Apprendre tous ces détails, voir l'ensemble de la scène, le tout n'a demandé que quelques minutes. Nos hommes se dispersent dans les maisons pour ne pas servir inutilement de cible à l'ennemi. S ... prend la moitié de la compagnie, passe la Meurthe à gué, avec de l'eau jusqu'à la ceinture, et, maintenant son monde sur une file, traverse la vallée pour aller occuper la gare du chemin de fer, de crainte que la deuxième colonne ne tente d'aborder la ville en suivant la voie ferrée. L'artillerie dirige aussitôt son feu sur eux. Ils reçoivent une trentaine d'obus sans être ébranlés, sans qu'aucun homme soit blessé. Les projectiles s'enfoncent dans le terrain humide, en les couvrant de boue. S.... vient de me raconter, les larmes aux yeux, que le plus jeune de nos hommes, un enfant de 17 ans, s'occupait avec un sang-froid admirable, pendant ce périlleux trajet, à rouler une cigarette, qu'il s'arrêta pour l'allumer, et reprit ensuite sa course comme s'il venait de faire la chose la plus naturelle.

J'ai ramené mon adjudant sur la place et ne l'ai quitté qu'après l'avoir fait monter dans une voiture qui va à toute bride demander à Saint-Dié du renfort.

La seconde moitié de la compagnie travaille à hérisser les rues de barricades, avec une partie des gardes mobiles.

La diversion faite par la manœuvre de S... nous permet de terminer ce travail sans encombre.

Les obus en recommençant à tomber sur la ville, nous apprennent que S.... est arrivé à son poste de combat. Les gardes mobiles et la compagnie de Colmar ont gravi la montagne du château et se sont déployés dans les sapins d'où ils dominent l'ennemi : la fusillade commence et arrête court le mouvement en avant des Prussiens. L'officier supérieur qui marche en tête, à cheval, est tué, et les fantassins se déploient en tirailleurs en répondant au feu des nôtres qui, mieux dirigé, leur cause des pertes sensibles. On m'avertit qu'un certain nombre de soldats ont traversé Raon en désordre, et se dispersent sur la route de Saint-Dié. Je cours sur leurs traces et je rallie en arrière du cimetière environ 60 hommes de chacun des corps. Au moment où je vais les ramener sur la montagne du château où la fusillade est de plus en plus nourrie, et à peine leur ai-je donné l'ordre de se déployer dans la plaine pour ne pas attirer l'attention de l'ennemi que l'on distingue parfaitement, que celui-ci, qui a remarqué notre groupe, nous envoie un obus. Le projectile passe à quelques pieds au-dessus de nous, avec un ronflement sinistre, que rien ne peut imiter ni décrire : il faut l'avoir entendu. C'est le premier que j'entends aussi distinctement, et j'avoue qu'il me cause une impression rapide mais indéfinissable. Je l'ai salué, et tous mes hommes se sont jetés ventre-à-terre. Je les fais relever et remettre en mouvement. Un second obus arrive, passe entre moi et un de mes sergents qu'il blesse légèrement au pouce. Il est aussitôt suivi d'un troisième qui tue raide un mobile à dix pas de moi.

Le spectacle que présente Raon en ce moment est un de ceux que l'on n'oublie pas et qui font époque dans la vie. Les femmes, emportant leurs enfants, s'enfuient éperdues dans la campagne. Au son lugubre du tocsin se mêle le fracas des toitures et des cheminées qui s'écroulent : les tuiles volent en éclats dans les rues encombrées par une foule affolée. Le crépitement de la fusillade est coupé, à intervalles réguliers, par la grande voix du canon, et sur cette scène d'horreur brille un soleil éblouissant dans un ciel sans nuages.

Sur la montagne du château, où je rejoins mes compagnons, la situation n'a pas changé d'aspect. Les nôtres, profitant des arbres et des moindres plis de terrain, sont embusqués et nourrissent un feu violent et meurtrier.

Les Prussiens qui sont à découvert, courent de droite et de gauche, repliés sur eux-mêmes, chargent et ripostent en courant : mais ils n'avancent pas, et la moitié de leur colonne reste immobile au Clerut. Nous n'avons perdu que trois hommes de ce côté, un franc-tireur de Colmar, tué d'une balle à la tête, et deux mobiles. Trois officiers de mobiles sont blessés, mais assez légèrement pour ne pas quitter leur poste. L'ennemi fait des pertes sérieuses. Tous les hommes qui tombent sont aussitôt emportés.

L'artillerie s'acharne sur la malheureuse ville de Raon. Mais il devient évident que nous serons victorieux. Le tir des Prussiens se ralentit : Leurs munitions sont épuisées, et ils chargent leurs pièces avec des paquets de cartouches qui tombent sans prendre feu. On vient de m'en apporter un que l'on a ramassé dans un jardin de la neuve ville. A cinq heures, un grand mouvement de troupes est signalé sur la route de Saint-Dié. C'est la garde mobile des Vosges, trois bataillons, et la garde nationale de Saint-Dié qui arrivent en toute hâte à pied et dans toutes les voitures que l'on a pu réquisitionner. Cette fois la partie est gagnée. L'ennemi sonne le rappel de ses tirailleurs, qui se replient à toutes jambes. Je ne croyais pas que des Allemands fussent aussi agiles. Les pièces sont attelées et les Prussiens disparaissent en emportant trois voitures pleines de leurs morts. L'affaire a duré cinq heures. Elle nous a coûté 4 morts et 6 blessés, dont 2 de ma compagnie, le capitaine et l'adjudant-sous-officier. L'ennemi a perdu 1 officier supérieur et 64 hommes tués.

Sur la place, qui est une fourmilière, car nous sommes en force maintenant, un groupe d'officiers entoure un homme à cheveux gris et d'une forte corpulence, la barbe inculte, vêtu d'habits civils souillés de poussière, et coiffé d'un grand chapeau pareil à ceux des forts de la halle. On me dit que c'est le commandant d'artillerie P...., un échappé de Sedan que le préfet des Vosges a chargé de la défense de son département. Ce nouveau venu, arrivé quand tout était fini, rudoie et injurie tout le monde, officiers et soldats, et prend des airs de tranche montagne devant des hommes qui ont si bien fait leur devoir, qu'ils ont, après cinq heures de combat, sans artillerie, repoussé un ennemi deux fois supérieur en nombre et avec l'avantage de la position. Quelques-uns haussent les épaules, d'autres s'indignent, et tous sont d'accord pour augurer mal de l'avenir avec un pareil chef. Sans égard pour notre fatigue, il nous signifie que notre compagnie va aller prendre la grand-garde en avant de Raon, auprès de la gare, dans un petit bois de sapins qui commande la ligne du chemin de fer. Une compagnie de la mobile des Vosges sera établie au Clérut. Toutes les troupes resteront sous les armes, les fusils en faisceaux. Je suppose que le commandant P.... passera la nuit dans son lit, et toujours avec la fameuse chemise qu'il se vante de n'avoir pas quittée depuis Sedan.

28 septembre. — On nous a relevé de grand-garde à dix heures. Il nous est permis de rentrer à Raon prendre quelque repos. Nous avons passé la nuit dans un petit bois de sapins, en avant de la gare, à deux kilomètres de Raon.

Le capitaine s'était posté, à découvert, à 500 mètres au-delà, avec cinquante hommes. J'avais été chargé avec la seconde moitié de nos hommes, d'occuper le bois où l'on voyait des traces de projectiles ennemis. Plusieurs arbres étaient brisés. La nuit m'a paru éternelle, et que de fois j'ai envié le sort de ceux qui dormaient dans leur lit, à Raon, dont le clocher nous mesurait les heures avec une lenteur désespérante. Une brume argentée couvre la vallée et nous pénètre. Le calme le plus solennel a succédé au fracas de l'artillerie. Roulés dans nos couvertures, nous n'essayons pas de nous laisser aller au sommeil. Nous comptons les minutes, nous tentons de sonder l'obscurité ; nous prêtons l'oreille au moindre bruit. Surpris le matin, il nous semble que nous allons l'être encore. Toutes les heures une ombre se dresse, et appelle à voix basse les hommes dont le tour est venu de prendre la faction. Ceux-ci ramassent leurs armes et disparaissent dans le brouillard comme des fantômes. Quelques instants après, leurs camarades reviennent et se couchent sans mot dire. Mes pensées m'ont entraîné bien loin de là, vers ceux que j'aime, vers le passé heureux, vers une existence paisible, désormais peut-être perdue pour moi. Pour y échapper, à plusieurs reprises j'ai été inspecter nos sentinelles, le révolver au poing, le sabre sous le bras, m'effaçant derrière les arbres, m'arrêtant à chaque pas pour écouter les bruits vagues qui descendaient des montagnes ou montaient de la vallée. — Nous avons salué le jour avec joie. Aussi loin que la vue peut s'étendre on n'aperçoit aucune trace de l'ennemi. Un de nos hommes, possesseur d'un télescope dont il est très-fier, et qui s'en servait depuis un instant pour inspecter l'horizon, s'écrie qu'il voit l'ennemi et que nous avons bivouaqué à deux pas de lui. Il découvre deux tentes, dit-il, à la lisière d'un bois, et des gens qui vont et viennent autour. On se passe de main en main la précieuse lunette, et un éclat de rire homérique se fait entendre. Le voisin de Z.. , profitant de son sommeil, a dévissé le télescope, collé sur le verre deux morceaux de papier, et introduit dans l'instrument quelques miettes de pain.

Voilà les tentes et l'ennemi. Z...., furieux, n'en veut pas démordre, et maintient que si on ne voit plus les Prussiens, c'est qu'ils sont rentrés dans le bois.

A dix heures, une compagnie de la mobile vient nous relever. S.... part pour Epinal afin d'obtenir que la solde lui soit attribuée un peu plus régulièrement,car il est obligé de la faire de ses deniers, et pour que nos francs-tireurs puissent manger, il leur faut leur prêt de chaque jour. Le commandant P.... est parti aussi, et Dieu fasse que nous ne le revoyions plus! La journée est tranquille.

29 septembre. — Hier, à la nuit tombante, le lieutenant de la garde mobile, de service en grand-garde à la ferme du Clérut, a aperçu des fusées rouges et vertes à l'horizon dans deux directions différentes. Il en est venu donner avis immédiatement au lieutenant-colonel des bataillons des Vosges, et que son grade et son âge désignent pour

nous commander en chef. J'ai accompagné le lieutenant chez cet officier supérieur, qui a conclu que nous serions attaqués le lendemain sur deux points, et qu'il fallait battre en retraite. — Afin de ne pas jeter l'alarme dans Raon , nous avons été chargés d'éveiller tous les officiers à domicile; ceux-ci, réveilleront ensuite leurs sous-officiers qui rassembleront les soldats par le même moyen; l'opération commencée à huit heures du soir, a duré jusqu'au jour. Quand les colonnes eurent défilé dans la ville, les grand-gardes se replièrent à leur tour et formèrent l'arrière-garde.

A une lieue de Raon, la garde mobile prit à droite la route de Bruyère, et les corps-francs continuèrent vers Saint-Dié, où nous sommes arrivés au milieu de la stupeur générale. Simple sous-lieutenant, je n'avais qu'à obéir sans discussion à cet ordre déplorable, mais nous étions consternés et les habitants de Saint-Dié ne l'étaient pas moins que nous en nous revoyant. Le sous-préfet réunit en conseil tous les chefs de corps et s'exprime en des termes tels qu'il faut lui imposer silence de la manière la plus soldatesque. Nous délibérons sans plus nous occuper de lui, et il est convenu que Raon sera réoccupé le soir même. L'ennemi, qui a dû apprendre notre retraite, a sans doute craint qu'elle cachât un piège et il n'a pas fait un mouvement. La place est libre, il faut se hâter de la reprendre et avec des forces plus imposantes. La nouvelle du combat de

Raon a fait affluer à Saint-Dié tous les corps-francs qui opéraient dans les Vosges. Raon, où nous sommes rentrés à cinq heures du soir, contient, outre les quatre bataillons de garde mobile, que le commandant P..., notre cauchemar, accouru d'Épinal, a ramenés lui-même de Bruyères, ma compagnie (cent hommes), celle de Colmar (deux cents hommes), la compagnie des Vosgiens de Paris (cent hommes), la compagnie des Éclaireurs du Rhône (cent hommes), la compagnie de Luxeuil (cinquante hommes), la compagnie Girard (cent cinquante hommes), la compagnie Schmidt (cinquante hommes), c'est-à-dire trois mille gardes mobiles, environ huit cents francs-tireurs, quatre mille hommes en tout.

Le capitaine S..., revenu en toute hâte d'Épinal, nous attendait à Raon. Il me dit qu'il s'est formellement engagé à défendre les Vosges et à servir sous les ordres du commandant P..., qui nous désigne pour prendre immédiatement la grand'garde à la ferme du Clérut jusqu'à demain à midi. Nous avons passé sur pied toute la nuit précédente, après avoir déjà passé en grand'garde celle qui a suivi le combat de Raon; nous avons fait trente-cinq kilomètres dans la journée et nous allons encore veiller jusqu'au lendemain.

30 septembre. — La ferme du Clérut porte encore toutes les traces du combat du 27. C'est sur la table où nous prenons notre souper, que l'on

a étendu l'officier supérieur ennemi, blessé mortellement; c'est sur elle qu'il est mort dans d'horribles souffrances, en poussant des cris affreux. Son sang se voit encore sur le bois. Le fermier, qui nous donne tous ces détails, ajoute que les Prussiens avaient défoncé les tonneaux de sa cave et laissé s'écouler tout le vin qu'ils n'avaient pu boire, qu'ils étaient ivres pour la plupart et furieux de la résistance vigoureuse que nous leur opposions. Après avoir rattelé leurs pièces, ils se sont éloignés, l'artillerie au galop et l'infanterie au pas le plus rapide, en annonçant qu'ils reviendraient bientôt et qu'ils fusilleraient tous les francs-tireurs. Personne de nous n'a dormi : nous allions à chaque instant faire des rondes sur la route de Lunéville et inspecter les postes avancés et les sentinelles perdues.

A midi, les éclaireurs du Rhône sont venus nous relever, et nous avons trouvé Raon révolutionné par suite des mesures du glorieux commandant P... Installé à l'hôtel-de-ville dans le cabinet du maire, c'est là qu'il rédige ses décrets. Raon est élevé par lui au rang de place de guerre; tout-à-l'heure il va en faire une place forte. Son code a le mérite de la clarté et surtout de la concision : tout est puni de mort! C'est, sous peine de mort, que tous les hommes valides de la ville doivent travailler aux retranchements que trace un ingénieur des chemins de fer transformé en capitaine du génie. Ces retranchements consistent en quelques levées de terre pour couvrir la ville du côté de Lunéville. Au-delà du Clérut, une escouade coupe tous les arbres qui bordent la route, et en forme vingt barricades sur une longueur de quatre kilomètres. Comme il n'y a pas assez de bras, on emploie les soldats malgré leur fatigue, et les officiers deviennent autant de chefs d'atelier. Le commandant P... s'agite et se démène. Il a fait aux circonstances la concession d'endosser le pantalon de l'artillerie, mais il a toujours son chapeau légendaire et sa chemise de Sedan. Je ne cesse de répéter à S... que cet homme est un blagueur et qu'il nous perdra tous. S... n'en est pas encore convaincu : cela viendra, trop tard peut-être.

1er octobre.— Le temps continue à être si beau, si doux, que les travaux avancent avec rapidité. On y travaille jour et nuit. Ce ne sont que des abris pour les tirailleurs, et si l'on ne nous envoie pas du canon, cela ne retardera que d'un jour peut-être la prise de Raon et notre défaite.— On amène prisonnier le paysan de Pierre-Percée, qui a guidé les Prussiens le 23 septembre. J'assiste par hasard à son interrogatoire par le commandant P..., avec lequel je me trouve seul pour affaires de service. Le malheureux avoue qu'il a reçu cinquante francs pour livrer ma compagnie : il se met à nos genoux en demandant grâce, mais le commandant P... est inflexible et le condamne à être passé par les armes. L'exécution aura lieu le lendemain. Malgré ma disposition à fronder le commandant, je ne puis que lui donner raison dans cette circonstance. Il faut absolument un exemple qui en impose à la population des campagnes, qui n'est que trop disposée à nous trahir, et chez laquelle le sentiment national est totalement émoussé. Je trouve seulement que le commandant aurait pu réunir un conseil de guerre, puisqu'il en avait sous la main tous les éléments.

Nous reprenons la grand'garde au Clérut, pour jusqu'au lendemain à midi. La route est devenue tellement impraticable que nous n'avons à redouter aucune surprise.

2 octobre.— La journée a été bien remplie. Relevés par les éclaireurs du Rhône, nous avons appris en même temps que l'exécution de notre espion aurait lieu à cinq heures du soir, et qu'il se préparait une expédition pour la nuit prochaine. Pour l'exécution, les officiers sont convoqués. L'indignation a d'ailleurs exclu toute pitié, et je me trouve avec mes collègues à l'endroit désigné, un peu avant l'heure La fosse, creusée à l'avance, est au pied du talus du chemin de fer, à la sortie de Raon, vers Saint-Dié. Un cordon de troupes contient à grand'peine la foule, parmi laquelle je remarque toutes les femmes et tous les enfants de Raon. A cinq heures, le condamné arrive dans une petite voiture attelée d'un cheval.

Un prêtre est assis à côté de lui. Il n'a pas voulu prendre de nourriture depuis la veille. Soit besoin, soit terreur, il paraît à bout de forces, et se laisse aller à tous les mouvements de la voiture sur ce terrain accidenté. Il descend pourtant sans le secours de personne et suit l'adjudant du bataillon de la Meurthe, qui lui désigne, avec la pointe de son sabre, l'endroit où il doit s'agenouiller. Un sergent lui bande les yeux, et le peloton d'exécution, de douze hommes, se range à vingt pas de lui. Au moment suprême une défaillance s'empare du misérable ; il se laisse tomber : il faut le relever de force. Le feu de peloton retentit, et il tombe cette fois à la renverse dans la fosse que l'on referme aussitôt. Tout le monde se disperse en silence, mais on n'a pas le temps d'écouter ses impressions. Nous recevons des ordres pour la nuit. Les Prussiens, au nombre d'environ huit cents hommes, sont à Azerailles, un village de la Meurthe à douze kilomètres de Raon. Ils donnent un bal cette nuit, en l'honneur de la prise de Strasbourg. Nous allons leur payer les violons. Le bataillon de la Meurthe, un bataillon des Vosges, la compagnie de Colmar et la mienne sont commandés.

3 octobre. — L'ordre portait que les troupes de l'expédition devaient se rassembler en dehors de Raon, entre Raon et le Clérut, et bivouaquer dans la vallée, afin que les habitants ne se dou-

tent ni de notre nombre ni du but de ce mouvement : Elles sont divisées en deux colonnes. La nôtre est formée du bataillon des Vosges et de ma compagnie ; un officier supérieur, en bourgeois, que nous ne connaissons pas, escorté d'un garde forestier, doit nous servir de guide. Nous devons marcher droit sur Azerailles à travers les bois. L'autre colonne, formée avec le bataillon de la Meurthe et les francs-tireurs de Colmar, décrit un demi-cercle par la gauche. Nous aborderons Azerailles par deux cotés à la fois, au lever du jour.

Nous sommes au rendez-vous à dix heures du soir ; défense de faire du feu. Il fait dans la prairie un brouillard glacial. Nos hommes se couchent sur l'herbe et s'endorment serrés les uns contre les autres. Les officiers se promènent de long en large, silencieux, et à une heure du matin arrive l'ordre de départ. La colonne s'engage dans les bois, par des sentiers si étroits qu'il faut marcher sur une seule file. Il fait tellement sombre sous la voûte épaisse des sapins, qu'il faut que chacun tienne par sa capote l'homme qui le précède. Nous marchons sans faire halte jusqu'à six heures. Le jour est déja levé que nous ne sommes pas encore à Azerailles. Le guide s'est égaré, et il nous faut prendre une autre direction. A sept heures enfin nous apercevons le village. Azerailles, isolé dans la plaine, est à pius d'un kilom. de nous. Nous devons pour attaquer, traverser un long espace à découvert. Rien ne signale la présence de l'autre colonne, que nous attendons avec une impatience fébrile. On ne remarque aucun mouvement dans le village. Après une heure d'attente, celui qui nous commande déclare que l'expédition est manquée. Nous regagnons la route de Lunéville en traversant Baccarat, et nous voyons alors l'ennemi massé sur une hauteur. Nous avons été trahis, comme toujours. Azerailles était évacué avant même que nous n'ayons quitté Raon. Un groupe de uhlans se détache et vient nous reconnaître, précédé par deux éclaireurs qui s'arrêtent à 300 mètres de nous. Je n'oublierai pas ces deux hommes, fièrement campés sur leurs chevaux et nous examinant avec une bravoure folle. S..... était d'avis de les laisser partir, pour reconnaître ce trait de courage. Mais à peine avaient-ils tourné bride, qu'ils tombaient foudroyés avec leurs chevaux : un paysan qu'ils avaient interrogé et amené avec eux, de gré ou de force, partagea leur sort. Nous rentrons à midi à Raon, harassés, pour y retrouver la seconde colonne que le commandant P.. .. a égarée, et qui est rentrée depuis longtemps sans s'inquiéter de nous.

Le commandant P..... se vantait de connaître le pays comme pas un. Il fallait l'entendre hier. Il n'avait qu'une inquiétude, c'est que notre colonne, mal guidée, s'égarât en chemin. Ah ! s'il avait pu la diriger aussi ! — Que de brocards, que de chansons contre ce déplorable général qui *se repose* et demeure invisible pendant tout le reste de la journée. Vers le soir, il condamne à mort encore un paysan de Baccarat, chez qui les uhlans sont entrés la veille, et qui est soupçonné de leur avoir donné des renseignements. Celui-ci est un juif, d'un extérieur repoussant, et qui ne paraît aucunement ému de son sort. Demain matin on le fusillera.

4 octobre. — On ne pense jamais à tout. Le commandant P....., tout occupé de se garantir contre une attaque de front, n'a tenu aucun compte des mouvements tournants. Les débouchés des vallées de Celles et de Senones sont entièrement libres. Nous aurions pu être enfermés dans Raon comme dans une souricière. Hier soir, on a reçu l'avis catégorique que nous allions être tournés. Ce n'est pas à Raon même qu'il fallait se défendre, mais à quatre kilomètres en arrière. On ne pouvait là être attaqué que de front, et l'on gardait toutes ses communications avec Saint-Dié, et par Bruyères, avec Epinal. J'engage S..... à ne s'en rapporter qu'à lui-même et à envoyer deux hommes déguisés en reconnaissance dans les deux vallées par lesquelles, selon moi, nous sommes sérieusement menacés. Pour deux qu'il demande, S..... trouve dix hommes : il choisit les deux plus lestes et plus intelligents. Le premier est revenu à minuit. Il est allé vers Senones, et a, dit-il, entendu « hacher de la paille » dans le pre-

mier village qu'il a rencontré, c'est-à-dire que l'on y parle allemand et que les Prussiens y sont. S..... transmet le rapport au commandant P..... dont la détermination est prise instantanément. Raon n'est plus la clé des Vosges ; la position n'est plus tenable : il faut battre en retraite et à tire d'ailes. On sonne le rappel à minuit. Les rues de Raon offrent à cette heure un aspect des plus pittoresques. Les sifflets des officiers de francs-tireurs répondent aux clairons de la garde mobile, les soldats sortent de toutes les maisons. On charge les voitures de bagages. La petite place sert de lieu de réunion aux corps-francs. De grands feux y sont allumés. Autour de l'un d'eux, groupés dans les attitudes les plus pittoresques, éclairés vivement par la flamme, quelques Alsaciens de la compagnie de Colmar chantent avec un goût exquis un chœur dont le refrain est *Lebe wohl*, Adieu ! C'est une sorte de chant du départ. Je m'arrête longtemps à les écouter. Cela a tout l'attrait d'un spectacle, avec, en plus, l'attrait du danger que l'on devine. — A cinq heures du matin, une violente détonation donne le signal du départ : c'est le pont du chemin de fer que l'ingénieur vient de faire sauter. Ma compagnie prend la tête de la colonne et s'arrête à l'entrée de la vallée de Senones pour protéger le défilé de la garde mobile. Notre second soldat revient alors de sa reconnaissance. Il est tombé dans un poste prussien qui faisait la soupe, à une heure du matin ; il a vu fusiller un franc-tireur des Vosgiens de Paris, à dix pas de lui, et l'a vu tomber en criant « Vive la France! » L'ennemi a fait feu sur lui mais il a pu s'échapper. Cela se passait dans la vallée de Celles. Nous allions donc être tournés et acculés dans les travaux de défense qui n'auraient servi qu'à assurer notre ruine. — A midi, le commandant P..... passe dans une voiture, à toute bride. Les habitants de Raon, que ce départ livre sans défense, ont voulu l'écharper, et il a eu toutes les peines du monde à leur échapper. J'arrête sa voiture et je lui demande où l'on doit s'arrêter. — Nulle part jusqu'à Épinal! me répond-il, et il disparaît. S..... a enfin apprécié la valeur de l'homme, et se détermine à se soustraire à son autorité. En attendant, il me donne le commandement de l'avant-garde, et me prescrit de m'arrêter à la Bourgonce qui n'est qu'à 8 kilomètres. L'ennemi ne s'est encore montré sur aucun point. La garde mobile à disparu depuis longtemps.

La Bourgonce, où j'arrive à deux heures, est un petit village de 800 habitants, placé au centre d'une plaine dominée de tous cotés par des montagnes boisées. Il est traversé par la route de Saint-Dié à Epinal en passant par le défilé des Rouges-Eaux et par Bruyères. Toutes les troupes s'y sont concentrées, sans vivres, sans abris. Il faut camper, mais une nuit est bientôt passée. En attendant, nous nous gardons bien. De fortes grand'gardes occupent toutes les routes.

5 octobre. — On ne part plus. Peut-être même va-t-on reprendre Raon. Ces marches et ces contremarches épuisent et démoralisent les soldats qui éclatent en murmures. Une armée, dite de l'Est, dans laquelle nous sommes incorporés, occupe Epinal, sous le commandement en chef du général de division Cambriels. On nous envoie du renfort, et du canon, enfin! Cette nouvelle seule a le pouvoir de dérider nos hommes qui souffrent de la faim, de la soif et du découragement qui grandit chaque jour. Les troupes annoncées arrivent, c'est le 32e régiment de marche et le 34e de mobiles (Deux-Sèvres). Ils précèdent une batterie de six pièces de quatre, qui est débarquée à Bruyères et qui rejoindra demain. Le général Cambriels est resté à Epinal, malade des suites d'une blessure à la tête qu'il a reçue à Sedan. C'est le général de brigade Dupré, ancien colonel de gendarmerie, qui prend le commandement de nos forces, évaluées à 10,000 hommes environ. — Avec cela on peut faire quelque chose, pourvu que l'on ne reste pas dans l'entonnoir où nous sommes entassés. Il n'y a que l'embarras du choix dans les positions dominantes qui nous entourent. Les premières pentes de la montagne qui conduisent à Bruyères par le défilé des Rouges-Eaux, sont admirables pour la défensive : Pour l'offensive, il faut dépasser Saint-Remy, à 3 kilomètres à gauche et en avant de la Bourgonce, et garnir toute la crête jusqu'à

Nompatelize, village situé à l'extrême droite de la Bourgonce.

Un de nos sergents a découvert chez un paysan un porc qu'il fait tuer et nous rapporte triomphalement. Voilà de quoi faire demain un splendide festin. Comme la compagnie est désignée de grand'garde, nous emportons notre porc qui se prélasse à l'arrière-garde, sur les épaules de deux hommes auxquels leur fardeau vaut une avalanche de quolibets, et qui donne une certaine couleur à notre départ. Nous nous installons dans un petit bois, en face du village de Saint-Remy, formant la gauche dans l'ordre de bataille adopté par le général Dupré. La compagnie de Colmar est à la droite, vers Nompatelize, et la garde mobile occupe le centre, à la Bourgonce, en arrière des deux ailes. La nuit est calme, mais une anxiété invincible tient tout le monde éveillé. On voit devant nous, un peu à gauche, de temps à autre, une lumière qui, semblable à un feu follet, se déplace le long de la montagne, montant et descendant, disparaissant pour reparaître tout-à-coup. S..... consulté, se lève, et soit qu'il ne veuille rien dire, soit qu'il ne partage pas nos appréhensions, revient en se moquant de ceux qui l'ont dérangé, et en déclarant que l'on voit la lanterne d'un berger.

6 octobre. — Le soleil se lève radieux dans un ciel sans nuages. Il a chassé les fantômes de la

nuit. A l'endroit où se promenait la lumière qui nous avait préoccupés, on distingue une batterie en position. Plus de doute, c'est notre artillerie qui est arrivée de Bruyères ! Au même moment, à droite, on entend quelques coups de feu. C'était l'ennemi qui, pour son début, assassinait un enfant de quinze ans, gardant ses bestiaux. La batterie se couvre d'un nuage de fumée, les obus passent en sifflant sur nos têtes et s'abattent sur la garde mobile. C'est l'ennemi ! Nous avons encore et toujours été surpris ! Des masses d'infanterie se déploient en avant de nous et la fusillade s'engage sur toute la ligne. Il est sept heures du matin. Adieu à notre déjeûner, qu'on laisse suspendu à un arbre. L'ordre arrive de se porter en avant et de se déployer en tirailleurs, pour donner l'exemple à la garde mobile qui, à l'exception du bataillon de la Meurthe, n'a pas encore vu le feu. Ma compagnie se disperse dans de vastes champs de pommes de terre et se couche à plat ventre, se faisant tant bien que mal un abri des sillons. C'est une véritable tempête de fer sur notre tête, pendant les deux mortelles heures de cette attente. Il est impossible de riposter contre un ennemi invisible. Les Prussiens ont démasqué deux batteries : leurs projectiles se croisent dans la plaine, autour de la Bourgonce, dont les maisons s'allument. Le tocsin sonne dans les villages. Le général dépêche ses aides-de-camp pour hâter la marche de notre artillerie qui n'arrive pas.

Les mobiles, flottant sous les obus, perdent beaucoup de monde. Le tir des Prussiens est d'une précision remarquable. A peine un groupe est-il formé qu'un obus le disperse. La fusillade est de plus en plus nourrie à la Bourgonce et à Nompatelize abordés par l'infanterie dans l'incendie. Pour nous, qui suivons ces détails du coin de l'œil, sans relever la tête, nous vivons vingt ans en deux heures. Au-dessus de nous c'est un bourdonnement incessant, pareil à celui que feraient d'innombrables essaims d'abeilles. Or, nos abeilles ce sont les balles des fusils à aiguille qui balaient tout derrière nous. Notre position est devenue intolérable, nous mourons de soif, quand enfin S.... donne le signal de se mettre debout et de commencer le feu. C'est un moment imposant, je vous jure, que celui-là. Les casques pointus sont à deux cents mètres de nous. Ce sont des Badois. Ils sont en bataille et offrent une cible à nos hommes qui tirent dans le tas et arrêtent leur marche. Les grandes capotes noires commencent à tomber. La compagnie se porte en avant et s'embusque dans les maisons de Saint-Remy. On n'a plus le loisir, dès lors, de s'occuper de ce qui se passe ailleurs. Malgré notre feu bien dirigé, l'ennemi avance lentement, mais toujours. On entend distinctement les commandements des officiers, et leurs cris de *Forwehrts! Forwehrts!* (en avant!), qu'ils appuient de coups de plat de sabre. Nous ne sommes plus bientôt qu'à cinquante pas d'eux. Nos hommes ne visent plus, n'épaulent qu'à peine leurs fusils, tous les coups portent; pour un des nôtres qui tombe, il en tombe dix dans les rangs prussiens qui se reforment sans cesse. Une sorte de rage s'est emparée des soldats, qui disputent le terrain pied à pied, de maison en maison. S...., le lieutenant et une trentaine d'hommes, sont abrités derrière de grands tas de bois, dans un verger. S.... veut se rendre compte de la position de l'ennemi et se découvre un instant; cela suffit, et il tombe le genou broyé par une balle. Le lieutenant lui serre la main, lui promet d'avoir soin des hommes et prend le commandement. Le feu redouble de violence. C'est alors que l'on reconnaît l'inconvénient des fusils à tabatière dont ma compagnie est armée. A quelques-uns les ressorts ne fonctionnent plus, il faut ramasser des pierres pour les faire jouer de force, ou bien les cartouches, mal calibrées, s'engagent dans le canon et il faut perdre un temps précieux à les faire sortir. Les canons sont tellement échauffés que la plupart des hommes sont obligés de les entourer de leurs mouchoirs pour pouvoir encore les manier. Le lieutenant, qui m'a pris mon chassepot, se penche pour ajuster. Il est renversé. Une balle l'a frappé au sein droit. Il remue un peu les lèvres et ne bouge plus. Un soldat, qui prend sa place, reçoit une balle à la tempe et tombe en travers de son corps! Il va falloir mourir ici!! Les Prussiens nous ont débordés et nous entourent. Le bon caporal M..., un méridional avec le flegme d'un Anglais, me disait après : « Je me suis dit, vois-tu, M..., tu as eu peur à Raon, mais ici, peur ou non, tu y resteras ! » — Il faut dire que M... a l'habitude originale de causer avec lui-même et de s'adresser la parole comme à son meilleur ami.

Le fait est que le moment est venu de jouer son va-tout ! Il n'y a qu'une ressource, presque désespérée, à tenter, mais tout est préférable à être pris. Pour regagner le petit bois où nous avons passé la nuit, il faut s'ouvrir un passage à travers les Badois, et parcourir ensuite à découvert un certain espace. Nous faisons une dernière décharge, en répondant par nos cris de « Vive la France » aux hurrahs de l'ennemi qui croit déjà nous tenir ! et nous chargeons à la baïonnette. Il a fallu laisser sur place le lieutenant et les autres morts ; deux hommes emportent le capitaine. — Les Prussiens s'ouvrent et nous livrent passage, mais ils se referment aussitôt et nous criblent de balles. Le capitaine et ses deux porteurs roulent par terre, l'un d'eux a la cheville brisée. Le sergent R.... tombe à son tour, l'aine traversée. Ses camarades l'enlèvent et repartent ; un homme est tué, celui-ci on le laisse ! Nous courons pliés en deux, les soldats s'abritant la tête derrière leurs havre-sacs. Enfin, nous atteignons le bois, où nous pouvons déposer nos blessés et respirer un instant. Les balles pleuvent autour de nous, l'arbre contre lequel le sergent R... est adossé en reçoit trois. Une femme, sous-lieutenant de la compagnie de la Marche, mademoiselle Lix, dont toute l'armée a admiré le courage et le dévouement, applique un premier pansement sur la blessure du pauvre S... qui endure avec une admirable résignation d'horribles souffrances.

Il est trois heures, ma compagnie est engagée depuis neuf heures. Le général Dupré lui envoie l'ordre de se replier, en ajoutant qu'elle s'est héroïquement conduite.

Nous n'avons d'ailleurs aucun autre parti à prendre. Tout le corps d'armée est ramené en arrière. Saint-Remy, la Bourgonce et Nompatelize sont aux mains de l'ennemi. La garde mobile recule, plus vivement qu'il ne conviendrait, pour quelques-uns du moins, mais elle est sous une pluie d'obus. Un régiment de marche, établi sur une éminence nommée les Deux Frères, ou les Jumeaux, a été refoulé par une colonne à laquelle pourtant, par un feu plongeant, il a causé des pertes cruelles. Le général Dupré, auprès duquel nous passons, est assis tout sanglant, sur le revers d'un fossé. Une balle vient de lui traverser la gorge.

Enfin notre artillerie arrive; elle va du moins soutenir la retraite. Les deux premiers coups, pointés par un maréchal-des-logis, démontent deux pièces prussiennes. Mais il est trop tard. La journée est finie, et nous abandonnons le champ de bataille à l'ennemi qui, lui-même, pendant que nous regagnons Bruyères, se replie sur Raon, où il rentre, ivre de rage, tirant sur les femmes et les enfants dont il tue une trentaine. Avant de partir ils ont enlevé leurs morts et leurs blessés, et beaucoup des nôtres malheureusement. Ils ont achevé même un de leurs officiers dont ils jugeaient la blessure mortelle. Le combat de la Bourgonce, tel est le nom qu'il portera dans l'histoire, n'a pourtant pas été sans gloire pour nous. L'ennemi comptait environ huit mille hommes et au moins deux batteries. Le soir de l'action il accusait mille deux cents morts, et nous avons perdu huit cents hommes tués et blessés.

La même incurie qui nous poursuit partout a encore eu son résultat accoutumé. On s'est laissé surprendre dans une position détestable, l'artillerie est arrivée à la fin de la journée. Au lieu de battre en retraite à propos, pour choisir une meilleure position, on s'est obstiné à sacrifier beaucoup de monde inutilement; il ne faut plus songer à défendre Epinal, que l'on aurait pu couvrir en gardant le défilé des Rouges-Eaux. Le combat de la Bourgonce a livré les Vosges aux Prussiens.

Ma compagnie est décimée. S... est blessé grièvement, le lieutenant est mort, trente-trois hommes sont morts et blessés. Quelques-uns ont disparu. Il me reste à peine soixante hommes lorsque je prends le commandement comme étant le seul officier survivant. — Nous avons placé S... sur une petite voiture que les hommes traînent à bras à tour de rôle : derrière lui marchent les débris de la compagnie ralliés au drapeau qui est troué par les balles prussiennes et que le sergent A... n'a pas cessé de porter. Personne n'a mangé et nous sommes torturés par une soif ardente. — C'est à peine si l'on jette un coup d'œil sur l'admirable pays que nous traversons ; la route qui s'élève en serpentant dans un bois de sapins, descend ensuite jusqu'au petit village de Rouges-Eaux, longeant le ruisseau qui a donné son nom au village et qui bondit sur un lit de roches rouges. La verdure de la prairie forme un contraste saisissant avec celle des sapins gigantesques. Je ne puis m'empêcher, malgré mes préoccupations bien douloureuses et la fatigue qui m'accable, de reconnaître quelle belle défense on aurait pu opposer dans ces défilés aux ennemis, et combien il eut été facile de leur faire subir là un désastre sans compromettre inutilement la vie de nos hommes et sans répandre tant de sang ! Nous croisons, chemin faisant, des troupes attardées qui marchent à la bataille, notamment la compagnie bretonne, dont le rôle va se borner à protéger la retraite et à occuper les hauteurs pour empêcher un mouvement en avant que l'ennemi, aussi épuisé et encore plus maltraité que nous, ne songe pas à tenter pour le moment.

Il est onze heures du soir quand nous atteignons Bruyères. Personne n'a bu ni mangé de la journée, et cette marche de quinze kilomètres couronne dignement un combat acharné de huit heures. Les chirurgiens militaires s'emparent du pauvre capitaine S... dont les derniers ordres sont de ramener à Besançon les débris de sa compagnie. Nous couchons sur de la paille, sur des planches; aucun lit ne nous a paru meilleur !

7 octobre. — La retraite a commencé. Chaque chef de corps dirige celle de ses soldats sous sa responsabilité personnelle, puisque le général Dupré est parti blessé pour Epinal, que le général en chef Cambriels n'a pu quitter à cause de son ancienne blessure. Epinal est donc désigné comme centre de ralliement de l'armée de l'Est qui compte, me dit-on, dix-huit à vingt mille hommes d'effectif. Je ne puis voir à Epinal le général Cambriels, mais je constate une grande agglomération de troupes. Je vois entr'autres arriver par le chemin de fer un régiment de zouaves qui vient de Marseille. J'ai prévenu l'état-major de la nécessité où je me trouve de diriger ma compagnie immédiatement sur Besançon pour reformer les cadres, faire des enrôlements, donner des chaussures, des vêtements, enfin me remettre en état d'entrer de nouveau en ligne. Mes hommes

partent par étape pour Remiremont et Plombières. Ils arriveront à Besançon par le chemin de fer sous la conduite du sergent-fourrier et du plus ancien sergent, celui qui a porté le drapeau à la Bourgonce.

8 octobre. — A Épinal tout est dans une confusion indicible. Les nouvelles alarmantes s'y succèdent à chaque heure. L'abandon de Raon et la malheureuse issue du combat de la Bourgonce ont livré aux Prussiens l'entrée des Vosges. On dit qu'ils ont déjà leurs têtes de colonnes à Rambervilliers et à Bruyères. Épinal est absolument découvert, car je ne compte pas, pour arrêter l'ennemi, l'envoi en avant de quelques compagnies franches, entr'autres celle du capitaine N..., dans laquelle sa charmante femme sert en qualité de sous-lieutenant, après avoir quitté sa famille et ses enfants pour suivre son mari. Cette belle compagnie de deux cents hommes porte l'uniforme de l'infanterie régulière, afin d'éviter aux prisonniers le sort que l'ennemi réserve aux francs-tireurs, c'est-à-dire la mort accompagnée d'horribles tortures. L'exemple est bon à suivre, et l'avantage très-appréciable est en outre d'être reconnu de loin par nos troupes, que cette bigarrure d'uniformes de fantaisie induit en erreur, et qui nous a presque valu, à Celles, d'être pris pour des Prussiens par la compagnie de Colmar.

Le général Cambriels est malheureux de n'avoir

sous ses ordres que des troupes aussi peu aguerries. Il ne peut tenter aucune défense dans Épinal sans exposer la ville à la destruction. Le zèle de la garde nationale qui fait l'exercice sur les promenades pittoresques que borde la Moselle, ne tiendra pas devant les obus. Je vais partir pour Besançon, emportant la conviction que l'armée n'en est qu'à la première étape d'une longue retraite. Toute la question pour moi est de savoir sur quelle place forte elle va s'appuyer. Dans huit jours la Haute-Saône appartiendra aux envahisseurs.

9 octobre. — Les chemins de fer sont déjà complétement désorganisés. Les trains partent quand ils ne peuvent plus faire autrement; ils arrivent à la grâce de Dieu. J'ai mis douze heures pour aller d'Épinal à Besançon où mes hommes sont arrivés dans la journée.

10 octobre. — Notre arrivée à Besançon a pris les proportions d'un événement, car on n'y sait rien de ce qui s'est passé dans les Vosges. Cela porte atteinte à la sécurité dont jouit la ville. Mes hommes, logés chez l'habitant pour la première nuit, sont installés dans la caserne d'Arènes, occupée par un bataillon de chasseurs à pied. Ils n'ont plus de souliers, leurs vêtements tombent en lambeaux; leurs armes sont pour la plupart hors de service; enfin le lieutenant portait sur lui

la solde de quinzaine quand il a été tué, et il faisait si chaud à Saint-Rémy qu'il n'est venu à la pensée de personne de le fouiller. En mettant nos ressources en commun nous n'aurions pas de quoi assurer la nourriture pour une journée à la moitié de mes hommes. J'ai donc à pourvoir à tout, et mon premier soin a été de voir le général de P... commandant la septième division militaire, un excellent homme, cachant un bon cœur sous un extérieur colérique et rébarbatif, et qui prête à rire aux jeunes gandins de l'état-major par son képi d'une forme surannée, haut, raide et pointu comme le bonnet d'un astrologue. Il se met en fureur avant même que l'on ait ouvert la bouche, et refuse tout. A peine est-on sorti qu'une fenêtre s'ouvre avec un fracas de tonnerre, c'est le général qui vous rappelle, et du ton avec lequel on enverrait coucher son chien, accorde tout et même plus qu'on ne lui a demandé. La belle conduite de ma compagnie et les pertes cruelles qu'elle a faites, lui ont concilié les sympathies, et facilitent ma tâche. Je n'aurai qu'à parler pour obtenir. La première question qu'il importe de vider est celle de la solde. M. l'intendant militaire de M... aux façons d'un homme du meilleur monde joint un esprit de justice et de droiture qui le font estimer et aimer de tous. En quelques minutes, la situation digne d'intérêt de mes pauvres francs-tireurs est liquidée, et la solde est mise à jour. Une corvée emporte des chaussures, et remettant au lendemain pour régler le service, j'autorise les hommes à se répandre dans la ville pour recruter les soldats dont j'ai besoin. Ils paraissent émerveillés de la facilité avec laquelle j'obtiens; ils ont oublié sans doute que les officiers généraux et supérieurs ont reconnu sous l'habit de sous-lieutenant le sous-préfet qui les avait visités deux mois auparavant.

11 octobre. — Il y a ici un personnage important que je suis allé visiter aujourd'hui. C'est M. Grévy, délégué de la Défense Nationale pour les trois départements du Doubs, de la Côte-d'Or et du Jura. J'en suis sorti charmé des façons courtoises de ce haut fonctionnaire, qui a voulu féliciter lui-même mes sous-officiers de leur belle conduite.

Il m'a promis son appui pour la reconstitution de ma compagnie. Les recrues commencent à arriver. Je n'ai que l'embarras du choix, grâce au désordre qui règne dans la formation de la compagnie que commande M. C...., sculpteur bien connu. Las de rester sans armes, sans vêtements, sans solde, un grand nombre de volontaires viennent m'offrir leurs services. Je les choisis, et ne prends que ceux dont les papiers en règle et l'extérieur robuste m'offrent des garanties. J'en ai engagé douze aujourd'hui.

12 octobre. — La compagnie m'a nommé lieu-

tenant en remplacement du lieutenant L.... mort au champ d'honneur. Le plus ancien sergent A. passe sous-lieutenant. Il est convenu que le cadre des officiers restera composé ainsi, jusqu'à ce que nous ayions des nouvelles du capitaine S... que sa blessure rendra pour longtemps incapable de servir, mais auquel mes hommes, par reconaissance et pour honorer sa bravoure, entendent conserver le titre de capitaine-commandant. Les nominations nouvelles sont confirmées le jour même par le général de division. J'attendrai, pour compléter le cadre des sous-officiers et caporaux dont la nomination m'appartient désormais, que l'effectif soit reporté à 100 hommes. J'obtiens de l'intendant et du général que ma compagnie soit habillée à neuf et prenne l'uniforme de l'armée régulière. Mais, comme les uniformes de l'infanterie de ligne font défaut dans les magasins, c'est celui des chasseurs à pied que nous allons recevoir. La seule différence que le général prescrive, c'est que les galons, en argent pour les chasseurs à pied, seront en or pour nous.

On nous assigne un nouveau logement dans les écoles communales du faubourg de Battant. Je règle le service de la manière suivante : un poste est établi à la porte toute la journée, fournissant un factionnaire. Il y a trois appels par jour. Le matin, il y a théorie sur le service en campagne et sur le montage et le démontage du fusil chassepot que j'ai demandé pour remplacer nos fusils à tabatière. Dans l'après-midi, exercice dans la cour. J'ai engagé un sergent instructeur qui sort de la légion d'Antibes, et qui fait travailler malgré eux les anciens qui ne savaient pas grand chose, et les nouveaux qui ne savaient rien du tout. Tout manquement aux appels, toute absence nocturne sont sévèrement punis. Deux hommes qui m'ont manqué de respect sont envoyés pour un mois à la citadelle. Cela calme les velléités d'indiscipline que quelques-uns montrent déjà. Les enrôlements continuent.

13 octobre. — Le mouvement que vient de faire l'armée de l'Est portera dans l'histoire le nom de retraite des Vosges. Le général Cambriels vient d'arriver aux Chaprais, faubourg de Besançon qui domine la ville, au-dessus de la gare. Son armée le précède et le suit. Elle a fait en deux jours la route d'Épinal à Besançon, par un temps épouvantable, sous une pluie incessante. Je me suis de suite rendu aux Chaprais pour voir par moi-même si les récits extravagants qui circulent en ville sont exacts. Ce n'est pas une retraite mais une déroute. Les récits des officiers, mes compagnons d'armes, sont navrants. L'ennemi, après avoir attaqué vigoureusement la compagnie N.... et l'avoir mise en grand péril, a débouché sur Épinal. Le brave général Cambriels a ordonné la retraite qui, malgré ses ordres et ses efforts, s'est changée dès la première étape en déroute, en pa-

nique inconcevable ; s'imaginant voir les Prussiens sur leurs talons, les troupes ont jeté sur la route tout ce qu'elles portaient, havre-sacs, chassepots, marmites, bidons. Un régiment de zouaves occupait à lui seul une longueur de 4 kilomètres. Sans prendre le temps de manger, les soldats marchaient dans un désordre affreux, tous les corps isolés, la plupart sans armes, couverts de boue, sans chaussures. Il y en avait qui vendaient pour un franc leur fusil aux paysans consternés de ce spectacle inoui. L'artillerie a été ramenée intacte, mais tout le reste est incapable de rentrer en ligne avant quelques jours. J'ai vu des officiers arriver sans un seul homme de leur compagnie, parce qu'ils avaient pu marcher plus vite que leurs soldats ! Épinal est pris, la garde nationale, qui a tenté de tirer quelques coups de fusil, s'est vu arracher ses armes par les femmes, et les Prussiens, vainqueurs, en ont fusillé quelques-uns. Le préfet des Vosges est monté en voiture au moment où les Prussiens débouchaient dans la rue où est située la préfecture et il s'est dirigé sur Plombières. Un seul épisode console de toutes ces hontes, c'est la défense de la population de Rambervilliers qui a tenu tête aux Prussiens, pour l'honneur, et les femmes ont combattu vaillamment à côté de leurs maris.

Ce qui reste de l'armée de l'Est est logé aux Chaprais, où se presse une foule curieuse et presque hostile. Les feux de bivouac sont allumés dans les rues. Les corvées vont et viennent. Les estafettes et les ordonnances se croisent au galop. Parmi les officiers je remarque notre ancienne connaissance, le commandant P.... Il est méconnaissable. Revêtu enfin de l'uniforme de l'artillerie, il porte les cinq galons de colonel. C'est le préfet des Vosges, son ami, qui lui a fait ce présent, le soir du combat de la Bourgonce, de ce combat à la suite duquel il frappait avec sa canne les soldats blessés qui montaient sur les voitures du train, en les traitant de lâches et de fainéants. Il m'a reconnu; j'ai vu ses yeux opiniâtrement fixés sur moi, alors que je me détournais pour lui refuser le salut.

14 octobre. — A l'hôtel où je suis logé viennent prendre leurs repas quantité d'officiers qui racontent la retraite en renchérissant les uns sur les autres pour les détails lamentables, Il n'en est pas un qui accuse le général Cambriels. Tous rendent hommage à son caractère affable et humain, à son courage. Le général est aimé de ses soldats. On le plaint d'avoir à commander de tels hommes. On aspire unanimement à prendre la revanche après la réorganisation et le réarmement nécessaires. L'arsenal de Besançon contient heureusement un grand nombre de fusils chassepot que l'on va échanger contre les fusils à tabatière et à percussion dont sont armés les gardes mobiles, qui se sont mieux comportés dans la déroute que les troupes régulières. Le bataillon de la Meurthe, notamment,

n'a perdu ni armes ni bagages. Les francs-tireurs de Colmar, Bretons, S..... et G..... sont revenus en excellent ordre ; mais on n'a aucune nouvelle de la compagnie N..... qui était engagée quand la retraite a commencé. Quant à la compagnie S....., elle est signalée par sa mauvaise tenue et son indiscipline. L'ingénieur du chemin de fer, de L....., me raconte qu'il a vu un de ses officiers, monté sur une voiture de bagages, brûler la cervelle à un paysan qui la conduisait, sous prétexte que ce malheureux ne poussait pas assez vite à son gré son cheval épuisé.

Dix hommes de ma compagnie, disparus depuis la Bourgonce, arrivent de Remiremont après bien des vicissitudes, sous la conduite du sergent-major que l'on croyait tué. Leur retour reporte l'effectif à 110 hommes et je ne veux pas dépasser ce chiffre. Je renvoie donc désormais les recrues qui affluent. Tout le bataillon S... passerait sous mon commandement, si je n'y mettais bon ordre. De ce nombre est un acteur du Gymnase qui finit par vaincre ma resistance, mais qui me quitte le jour même, en voyant la rigueur de la discipline que je maintiens parmi mes hommes.

On annonce, le soir, l'arrivée de Garibaldi qui vient, dit-on, prendre le commandement de tous les francs-tireurs. «L'illustre ganache» est accompagnée de ses fils et de son état-major, de bandits italiens. Le préfet du Doubs, le citoyen O..... m'invite à aller le recevoir à la gare à la tête de ma compagnie. Je réponds par un refus formel, en lui déclarant qu'en outre du mépris profond que j'éprouve pour cet aventurier, je ne servirai jamais sous les ordres d'un étranger. Mes hommes, quoique ouvriers parisiens, m'approuvent à l'unanimité. Battu de ce côté, le préfet s'adresse aux francs-tireurs bretons qui répondent comme moi, et sont imités par tous les chefs de corps-francs, même par le commandant du bataillon de la Délivrance de Marseille, quoiqu'il se dise ami personnel de Garibaldi. Tous ceux d'entre nous qui ont des décorations pontificales ou la croix de Mentana, s'empressent de les attacher sur leurs uniformes. A mon instigation, les capitaines de francs-tireurs se réunissent et déclarent au préfet que plutôt que de servir sous les ordres de Garibaldi, ils licencieraient immédiatement leurs compagnies. Les officiers d'un bataillon de mobiles désigné pour faire partie de sa brigade, donnent leur démission en masse. C'est enfin la garde nationale de Besançon qui est choisie pour rendre les honneurs à Garibaldi, que je vois passer dans une calèche. Il porte son costume traditionnel, recouvert d'un grand manteau gris. Ses cheveux sont tout blancs. Il a une tête vénérable et imposante qui contraste avec les visages de bandits d'opéra-comique de son état-major. Le préfet est allé le recevoir. Pour la circonstance il a retiré ses chaussons de lisière. Il est minuit quand Garibaldi entre dans la préfecture.

15 octobre. — J'ai eu *l'honneur* d'être admis en présence du « grand patriote » qui parle le français avec un accent très prononcé. Sur sa demande du motif qui me fait refuser de servir avec lui, je me borne à lui montrer les décorations que je tiens du Pape. Je l'ai salué sans ajouter un mot et me suis retiré. Le capitaine de la compagnie de Colmar a cédé, malgré ses promesses de la veille. Il est le seul, et de tous les corps-francs de l'Est, cette compagnie est la seule que Garibaldi emmène à Dijon où il retourne aujourd'hui. Des volontaires italiens, ses compagnons de révolution, de Mentana, de Sicile, appelés d'Italie, formeront le corps d'armée avec lequel il prétend nous apprendre la guerre de partisans; ce qui fait dire à mes hommes que, s'il est venu avec un manteau, il s'en retournera avec une veste! — On n'est pas parisien pour rien!

Le commandant L..... qui arrive de Vesoul, nous apporte la nouvelle de la mort de notre capitaine S..... Fuyant devant l'ennemi, après que les médecins ont déclaré l'amputation impossible, il a été successivement transporté de Bruyères à Epinal et à Vesoul. C'est dans cette dernière ville qu'il a dû s'arrêter. La gangrène s'était déclarée; il y est mort et a été enterré avec les honneurs militaires. Cette nouvelle nous a tous profondement affectés, bien que chacun de nous y fut préparé. S..... avait su se faire aimer et estimer de sa compagnie. Il est aller rejoindre celle qu'il pleurait depuis un an: Il est mort en chrétien et en soldat, en embrassant un crucifix qui avait consolé les derniers moments de sa femme mourante. Il le portait suspendu à son cou. Pauvre ami !

La compagnie ne peut plus être commandée à titre provisoire par un lieutenant. Bien qu'il m'en coûte beaucoup d'assumer cette responsabilité, je suis nommé capitaine-commandant par le général commandant la 7e division militaire. Le sous-lieutenant, tailleur de pierres de son état, passe lieutenant, et je donne les galons de sous-lieutenant à l'adjudant blessé à Raon-l'Etape, un ancien zouave, peintre en bâtiments, qui a échappé aux Prussiens à Saint-Dié où il était convalescent, et qui est venu nous rejoindre à Besançon. Les cadres sont maintenant au complet. Sans les armes et les vêtements qui nous manquent, nous partirions aussitôt, car le séjour de la ville nous pèse à tous également. Les recrues, qui n'ont pas encore essayé de la vie de soldat en campagne, gâtent les anciens.

16 octobre. — Je harcèle les tailleurs de deux régiments d'infanterie qui travaillent pour nous. J'ai demandé au général de P..... des fusils Chassepot pour mes soldats. L'excellent homme m'a envoyé à tous les diables, et cette fois il ne m'a pas rappelé : il faut que j'y aille. Mais le général Cambriels est ma providence. Il est commandant supérieur dans l'Est, et le général de P..... est forcément son subordonné. J'irai lui conter mon em-

barras. J'ai d'ailleurs à cœur de confondre l'état-major de la division militaire, état-major auxiliaire, sauf le lieutenant-colonel B...., et qui pratique ordinairement l'étude de la théorie, quand nous autres, pauvres diables, nous nous contentons de la pratique. Que d'admirables plans n'ai-je pas entendu développer par tous ces messieurs qui prenaient régulièrement leurs repas, dormaient dans leurs lits, et ne comprenaient pas qu'on put se replier devant l'ennemi. Je gage qu'ils seront tous décorés après la guerre. Ces militaires en chambre m'avaient donc déclaré qu'il n'y avait pas assez de chassepots pour la garnison, qui n'en avait pas besoin, et que le fusil à tabatière avait bien son avantage; qu'en conséquence, il fallait m'en contenter. — Chaque jour je vais parcourir les bivouacs de notre armée qui se réorganise lentement. Le général Cambriels se consume en efforts pour communiquer à ses troupes l'énergie qui l'anime. Je doute qu'il puisse jamais y parvenir.

17 octobre. — Le général Cambriels, qui a la bonté d'être accessible pour moi lorsqu'il ne l'est pour personne, a donné l'ordre au directeur de l'artillerie de Besançon de me délivrer des chassepots. Je n'ai pas perdu de temps, et mes soldats ont été armés aujourd'hui même. Il fallait voir leur joie. Ils se croient invincibles. A bientôt l'essai de nos nouvelles armes, dont le premier avantage es

d'inspirer la confiance, et qui permet de porter dans la giberne et dans le havre-sac le double de cartouches, sans surcharger davantage le soldat. — Les vêtements commencent à arriver. J'ai obtenu de l'intendant des souliers, des demi-couvertures, des toiles de tentes et des marmites.

18 octobre. — La ville est devenue un camp. Tous les uniformes connus et beaucoup d'inconnus s'y coudoient. Les corps-francs sont tous logés en ville, au grand dommage des habitants. Les deux hôtels principaux doivent en revanche faire des affaires d'or. — Chaque chambre a au moins deux habitants, qui ne se connaissent pas pour la plupart du temps. C'est à l'heure des repas que l'on reconnaît les diplomates. Il y a successivement trois dîners de cinquante couverts au moins. L'infortuné qui n'a pu réussir à être du premier ni du second acte, est certain de ne se mettre à table que vers dix heures du soir, et de manger les restes dans des assiettes sales, en buvant dans des verres que l'on n'a pas même essuyés. — Je suis le plus souvent parmi les élus de la première heure, grâce au sous-lieutenant de la compagnie N....., madame N....., qui me réserve une place à côté d'elle. Cette charmante femme, entourée par l'ennemi, ainsi qu'une escouade de ses hommes en avant d'Épinal, a échappé par miracle à la mort, et a formé l'extrême arrière-garde dans la retraite. — Le soir, les cafés regorgent. On y voit des soldats de la mobile boire

avec leurs officiers. Comment la discipline est-elle possible devant l'ennemi, un jour de bataille, avec de pareilles habitudes? — Mais il faut tout dire, ces officiers sont ceux que quelques bataillons du Midi viennent de nommer eux-mêmes au suffrage universel, pour remplacer les officiers que l'Empire leur avait donnés. Tel qui était capitaine hier, coupable de porter un nom aristocratique, est rentré dans les rangs comme soldat, tandis que celui qui était soldat hier, se pavane aujourd'hui avec des galons tout neufs sur sa vareuse grossière. Trouvera-t-on jamais un châtiment assez fort pour le Gouvernement qui tolère de pareils désordres! Un bataillon de la Haute-Garonne a donné, lui, le meilleur exemple. Il a déclaré qu'il ne se prononcerait sur l'indignité de ses officiers qu'après la fin de la guerre, par conséquent qu'après les avoir vus à l'œuvre et devant l'ennemi.

19 octobre. — Les bruits les plus divers circulent sur la marche du général Werder et de ses Badois, sur le nombre desquels on n'est également pas plus d'accord. De l'ensemble il résulte évidemment qu'ils se rapprochent de Besançon. Veulent-ils en faire le siège, en forçant l'armée de l'Est à s'y renfermer ou à livrer la bataille sous le canon des forts? Voilà ce qu'il importe de savoir. L'illustre colonel P..... chargé d'aller reconnaître l'ennemi, tant l'on a hâte de se débarrasser de lui, demande trois de ces compagnies franches

dont il faisait si peu de cas à Raon. La mienne est la première. Sans m'être entendu avec mes deux collègues, je refuse de marcher avec lui et ils en font autant. L'exaspération est telle parmi nos hommes contre lui, que le colonel ne reviendrait jamais de son expédition. L'excellent général Cambriels approuve nos raisons, et le colonel est obligé de se contenter de deux bataillons de mobiles et d'une batterie d'artillerie. Le général me donne alors l'ordre de concourir à la défense du pays de Montbéliard et de m'aboucher dans ce but avec M. Keller, député de Belfort, aujourd'hui colonel des francs-tireurs du Haut-Rhin, Encore deux jours et notre équipement sera complet. Il fallait voir le colonel P..... quittant le quartier-général après notre explication orageuse, et redescendant à Besançon comme un coup de vent.

20 octobre. — On n'entend plus parler du colonel P..... ni de sa brigade, mais en revanche il y a une bataille dans l'air ! Je vois le soir rentrer dans la ville plusieurs brigades de gendarmerie de la Haute-Saône qui ont été vivement pourchassées par l'ennemi. Ces cavaliers, au nombre d'une quarantaine, sont enveloppés dans leurs grands manteaux ruisselants de pluie : leurs chevaux sont couverts de boue et d'écume : l'un d'eux a été blessé et un officier a été fait prisonnier. La chose a eu lieu sur les bords de l'Oignon.

21 octobre. — La brigade du colonel P..... qui avait été jusqu'à Ryoz, dans la Haute-Saône, est revenue ce soir et a pris position à Châtillon-le-Duc, à 9 kilomètres de Besançon, dans une admirable position défensive. Une partie de l'armée a suivi ce mouvement, l'artillerie vient de partir et les francs-tireurs ont reçu avis de se préparer à marcher demain. On ne sait pas à qui on va avoir à faire. Est-ce toute l'armée de Werder qui va attaquer, ou bien ne mettra-t-on devant nous qu'un rideau de troupes sacrifiées, à l'abri desquelles l'armée opèrera un mouvement sur Dôle et Dijon? Je pencherais plutôt pour cette dernière hypothèse, car, outre les difficultés du passage de l'Oignon par le pont de Voray, et sous notre canon, il faut encore enlever les hauteurs de Châtillon que garnit notre artillerie, et où l'on peut, avec des hommes solides, arrêter longtemps des forces bien supérieures : Nous verrons demain.

22 octobre. — Si le résultat matériel acquis aujourd'hui n'a pas été considérable, en revanche le résultat moral a été très-satisfaisant. La mauvaise impression laissée dans tous les esprits par la retraite des Vosges est effacée, et tout le monde a fait son devoir. Je ne m'étais pas trompé d'ailleurs: Nous n'avons eu à faire qu'à un corps d'armée sacrifié pour masquer la marche du général von Werder sur la Bourgogne et Dijon. Nous avons défendu Besançon, que notre audacieux adversaire ne son-

geait nullement à attaquer, mais l'ennemi a été absolument battu, mis en complète déroute et a fait des pertes considérables, tandis que les nôtres ont été relativement minimes. La fameuse artillerie prussienne ne nous a fait aucun mal, grâce à la sage précaution que l'on a prise de nous faire quitter un terrain rocailleux sur lequel les obus éclataient, pour des terres labourées dans lesquelles ils s'enfonçaient sans éclater. La mobile des Vosges, dont on se défiait, était appuyée par les francs-tireurs, qui avaient ordre de recevoir sur leurs baïonnnettes ceux qui reculeraient. Sous cette pression, les *moblots* ont marché franchement et traversé l'Oignon sous la mitraille avec beaucoup de sangfroid. Le régiment de zouaves, qui avait à se faire pardonner son attitude pendant la retraite, a enlevé à la baïonnette un village et massacré tous les Prussiens qui le défendaient. Cette belle charge a provoqué l'admiration de toute l'armée qui en était témoin. On cite quelques épisodes curieux qui peignent bien le caractère de nos soldats. A côté d'un zouave qui tuait sans pitié un soldat lui demandant la vie à genoux, un autre qui allait en faire autant à un jeune homme, presqu'un enfant, relevait son arme au moment de frapper, et lui disait : « Ma foi non, tu est trop petit ! sauve-toi vite, b..... et n'y reviens plus ! »

Enfin les casques pointus nous ont franchement tourné les talons, et nous ne leur connaissions pas encore tant d'agilité. Ils ont traversé Voray et d'autres villages au pas de course, en criant : Châtillon ! Châtillon ! avec un air de terreur qui réjouissait le cœur des paysans ! Mais il y a eu, comme toujours, des fautes commises : Une pièce d'artillerie abandonnée par les Prussiens, est restée embourbée sur les bords de l'Oignon, sans que personne eut l'idée de ramener ce trophée. (Le lendemain les Prussiens vinrent la reprendre et l'emmenèrent sans obstacles). Nous avons un certain nombre de blessés, presque tous aux jambes et aux pieds, par suite de la position dominante que nous occupions. La mobile du Doubs y a fait ses premières armes avec de l'entrain. Elle est du reste bien armée et équipée. Le combat de Châtillon-le-Duc est une victoire, mais une victoire stérile. L'armée de l'Est n'a plus que faire ici. Son rôle est tout tracé, il faut qu'elle aille occuper la route de Lyon.

23 octobre. — Nous partons enfin pour Montbéliard. Besançon, si vivant depuis quelques jours, va retrouver un calme relatif, puisque le théâtre de la guerre s'éloigne de ses murailles. Ma compagnie fait plaisir à voir. Mes recrues sont de beaux hommes, robustes et de haute taille. L'uniforme, qui est celui des chasseurs à pied, donne à ma petite troupe l'aspect militaire. Les chassepots, astiqués avec amour, réfléchissent un beau soleil. Les chansons de marche re-

tentissent avec entrain. La vie de garnison déplaisait à tous, et la vie d'aventures, si pleine d'attraits, va recommencer. Couverts jusqu'à Roche par le chemin de fer, nous le traversons là, et j'envoie une avant-garde pour éclairer notre gauche, car l'ennemi suit en sens inverse une route parallèle à la nôtre, et ses coureurs ont été signalés dans les chemins qui les relient, à la hauteur de Baume-les-Dames, où nous ferons étape. La route, quittant la vallée très-encaissée dans laquelle serpente le Doubs, s'étend sur des coteaux qui vont, en pente douce, rejoindre les eaux rapides de cette belle rivière. Elle traverse successivement Petit-Vaise, Roulans, où nous faisons la grande halte, et où stationnent une batterie d'artillerie et deux escadrons de chasseurs d'Afrique, qui viennent de Belfort et vont rejoindre à Besançon l'armée de l'Est. Après avoir dépassé Chagney, Fourbanne et Grosbois, nous arrivons en vue de Baume. Il est nuit, et les lumières éparpillées dans le fond de la vallée nous indiquent seules la présence de la ville.

Le fourrier. qui m'attend au sommet de la côte, m'apprend que Baume est occupée par deux bataillons de garde mobile du Doubs, et qu'il est impossible d'y loger. On nous envoie en conséquence à Champvans, petit village de soixante habitants, à deux kilomètres au-dessus de Baume qu'il domine, et au point d'intersection de plusieurs chemins vicinaux qui se dirigent

6

vers le pays envahi par les Prussiens. En d'autres termes, le maire de Baume nous établit en grand-garde pour veiller à la sûreté de sa ville. Nous avons fait vingt-sept kilomètres dans la journée, et il faut gagner ce hameau par des chemins à se casser le cou, par une nuit si noire qu'à peine distinguons-nous les hommes qui nous précèdent.

Il n'y a rien à manger, rien à boire. Cinquante hommes à peine peuvent trouver place chez les habitants. Le reste de la compagnie s'établit dans les dépendances du château, où je me loge avec mes officiers. Ce petit château, dans lequel on pourrait au besoin se défendre, car il est entouré d'une haute muraille, est abandonné par ses propriétaires. Le jardinier ne peut nous offrir que du vin. J'envoie une corvée à Baume chercher, pour la compagnie, de la viande, du sel et du café. Elle revient à onze heures du soir. Un soldat fait la cuisine et nous sert, à minuit, un ragoût informe. Pour couronner ce repas peu succulent, il nous présente du café dans une marmite où chacun puise à tour de rôle avec une cuiller à pot. On se couche enfin, fort tard, après avoir établi un cordon de sentinelles, et le fusil tout chargé à portée de la main.

24 octobre. — La nuit a été tranquille. On a seulement, disent les hommes de garde, entendu quelques coups de fusil dans le lointain. Le château de Champvans, dont le parc s'étend sur les

pentes de la montagne, domine la petite ville de Baume, placée dans le fond d'une espèce de cirque. Après l'avoir traversée, la route se maintient dans la vallée, le long du Doubs, adossée à gauche à des rochers que surmontent des bois Nous franchissons, à Clerval, le Doubs, qui coule désormais à notre gauche en décrivant de nombreuses sinuosités. C'est à Clerval qu'est la grande halte. Nous sommes les premiers francs-tireurs que l'on ait encore vus, et la population se montre curieuse avec un empressement amical. Elle fête mes soldats, qui repartent gaiement sous une pluie torrentielle. L'Isle-sur-le-Doubs, à cheval sur le Doubs, est notre étape. Malgré toute la bonne volonté du maire, il ne peut loger ma compagnie, parce que le troisième bataillon de la garde mobile de la Haute-Garonne y est cantonné. Il faut qu'elle aille à Appenans, à deux kilomètres de l'Isle. Mais l'état-major, logé en grande partie chez le maire, se serre un peu et me procure un lit. Je passe là une bonne soirée, en compagnie de ces officiers dont quelques-uns me sont déjà connus, et qui me font raconter toute notre histoire, dont ils n'ont eu que des récits très-imparfaits.

25 octobre. — Vingt-cinq kilomètres seulement séparent l'Isle de Montbéliard, où je suis heureux de me retrouver en soldat, après y avoir été fonctionnaire. Je ne songe pas, sans un certain plaisir, à

l'embarras que ma présence va causer à mon successeur dans cette sous-préfecture, et j'ai une joie véritable d'y revoir les amis qui m'ont témoigné tant de sympathie et d'attachement. Pour faire honneur au capitaine, ma compagnie se met en frais de coquetterie avant d'entrer dans la ville. Tous les trainards rejoignent la colonne. Toutes les couvertures sont pliées à l'ordonnance sur le sac. On déplie le drapeau et les fanions des deux sections. On met la baïonnette au canon et nous faisons notre entrée en très-bon ordre. Ma compagnie est logée au château, mais à peine a-t-elle rompu les rangs que je ne sais plus auquel entendre. Tous les habitants veulent héberger mes soldats, et j'ai toutes les peines du monde à résister à cette hospitalité envahissante qui est du goût de tous, excepté du mien. Le château contient déjà un bataillon de mobiles du Haut-Rhin, mais il est si vaste qu'il en pourrait contenir deux fois autant. Le soir, le cercle m'offre, ainsi qu'à mes officiers, un punch où l'on échange les vœux les plus amicaux pour nos succès.

26-30 octobre. — Séjour à Montbéliard pour me mettre en rapport avec le colonel Keller et pour assurer la solde que je suis obligé d'aller chercher à Belfort. J'ai écrit deux fois au colonel, je suis allé l'attendre à Belfort, il n'a jamais pu venir, et il m'a donné rendez-vous du côté de Thann où les Prussiens se montrent. Je me décide à y aller en longeant la frontière de Suisse, par laquelle, m'a-t-on dit, on introduit des provisions de vêtements à destination des Prussiens vers Mulhouse. Je rejoindrai ensuite le colonel en tournant autour de Belfort, en ramenant avec nous nos prises si notre expédition réussit.

31 octobre. — Nous partons de Montbéliard, par une tempête de vent et de pluie comme je ne me souviens pas d'en avoir vu de pareille depuis bien longtemps. A peine avons-nous fait un kilomètre que chacun de nous ruisselle comme s'il avait été trempé dans la rivière. Personne ne demande à faire la grande halte. Tout le monde est pressé d'arriver. Chemin faisant, il y a une alerte. L'avant-garde a vu des troupes se repliant à notre droite dans les bois de Beaucourt, les Prussiens seraient-ils déjà là? Je fais prendre position à la compagnie sur la route, et la première demi-section, déployée en tirailleurs, va, sous la conduite du lieutenant, reconnaître le bois. Après une heure d'attente, l'arme au pied, sous des torrents de pluie, nos hommes reviennent en riant, quoi qu'ils aient été obligés de traverser à gué une petite rivière, avec de l'eau jusqu'à la ceinture. Les Prussiens n'étaient autres que de braves gardes nationaux auxquels notre apparition et nos uniformes sombres ont causé une salutaire terreur. Le mouvement des tirailleurs a achevé leur déroute. J'ai été satisfait de l'entrain avec lequel

mes hommes se sont portés en avant, croyant marcher à l'ennemi. Ils ont fait leur mouvement avec beaucoup de sang froid.

La peur de l'ennemi, des vengeances qu'il exerce, a déja montré son influence à Delle, bourg de 1200 âmes, où ma compagnie avait été si bien traitée lorsqu'elle était campée à Damjoutin, entre Delle et Belfort. Nous sommes froidement reçus et c'est presqu'à contre cœur que les habitants logent nos soldats. Je suis, pour ma part, admirablement traité par mon hôte, M. E..... pharmacien, qui vaut mieux que ses compatriotes.

1er novembre. — Je pousse une reconnaissance sur la route de Ferrette, le long de la frontière de Suisse, avec une section de ma compagnie, et je saisis quatre voitures chargées de gilets, de chemises, de caleçons de flanelle, que l'on envoie de Suisse à Atkirck pour les Prussiens. J'en donne avis de suite au commandant de Belfort en lui demandant des instructions pour notre prise.

2 novembre. — Les bruits les plus alarmants circulent depuis la veille. On affirme que les Prussiens s'avancent sur Belfort et que l'on entend le canon vers Thann et Cernay. On prétend que l'ennemi arrive en force pour investir Belfort, et que ce sont les francs-tireurs du colonel Keller qu'il attaque, avec l'intention de détruire le château du colonel, à qui il en veut comme franc-tireur

et comme promoteur de la résistance dans le Haut-Rhin. Je pousse une reconnaissance avec toute ma compagnie vers Dannemarie, et j'envoie trois de mes hommes qui connaissent bien le pays, dans la direction du canon. Ils sont déguisés, le maire leur donne de faux papiers, et ils ont ordre de tout voir et de revenir, en marchant jour et nuit. Nous partons à dix heures du matin, en colonne, en suivant la route directe de Delle à Dannemarie, précédés par une escouade en avant-garde à un kilomètre. A Joncheray, à Boron, à Vellescot, village que nous traversons, on ne peut rien nous apprendre. En sortant de Vellescot, la route remonte sur les plateaux d'ou l'on découvre un vaste horizon. On distingue nettement Belfort où tout paraît tranquille, mais l'action est engagée dans la direction de Cernay : Il y a un incendie, et une épaisse fumée de laquelle sortent les détonations répetées du canon. Nous continuons jusqu'à Chavanne. Là, un percepteur qui arrive de Fontaine, village à 8 kilomètres à peine sur notre gauche, et dont le cheval est écumant, m'arrête, et m'apprend que Fontaine est occupé par les Prussiens, que douze pièces de canon, d'un très fort calibre, sont rangées sur la place du village, que les troupes, infanterie et cavalerie, qui les conduisent, peuvent être évaluées à 3,000 hommes, et se disposaient à se mettre en marche dans notre direction. Son récit est corroboré par quelques paysans qui s'enfuient vers la Suisse avec leurs familles et ce qu'ils ont de plus précieux. Après une halte d'une heure, nous retournons sur nos pas, accompagnés par le percepteur qui nous engage à surveiller soigneusement les bois qui bordent la route presque sans interruption jusqu'à Joncheray. Je mets une demi section en arrière-garde avec les fusils chargés, et je marche à coté du percepteur entre l'arrière-garde et la colonne, en recueillant de cet homme tous les renseignements qu'il peut me donner.

Nous sommes parvenus sans encombre jusqu'à Boron, entre ce village et Joncheray; les bois se rapprochent de la route. Je viens de faire mettre mes hommes sur deux files, pour donner moins de prise aux balles, lorsqu'un coup de feu part à l'arrière-garde. Je n'ai que le temps de crier halte, et je me porte vivement vers ma demi section, que je trouve dispersée en tirailleurs le long des talus de la route. Le sergent m'apprend que l'on vient de tirer sur eux d'un bois à leur droite; au même moment un peloton de cavaliers et une douzaine de fantassins sortent du bois en se portant sur la route. Je fais feu sur le cavalier le plus rapproché, il tombe : j'avais mis la hausse de mon mousqueton Vetterli à 600 mètres. L'ennemi, car ce sont bien les Prussiens, riposte. Un homme est atteint au pouce de la main gauche, la balle brise le bois de son chassepot. — Mes soldats font feu à leur tour, et deux Prussiens sont abattus. La fusillade attire le reste de ma compagnie que le percepteur a d'ailleurs prévenue, en s'enfuyant à Delle de toute la vitesse de son cheval. Les Prussiens, en voyant le renfort qui nous arrive, sont rentrés dans le bois et ont disparu. Je porte en avant toute la compagnie, mais leurs traces nous échappent, et je n'ose d'ailleurs m'engager trop loin, de peur de tomber dans une embuscade. Des paysans me disent pourtant qu'ils les ont vus s'éloigner rapidement vers Fontaine, qu'ils emportaient deux morts et un blessé. Je divise alors ma compagnie en deux parties. Je laisse la 2e section au lieutenant qui doit la ramener à Delle, en suivant la route. Avec la 1re section, je vais rejoindre, en traversant des bois et des marais inondés, la route de Ferrette, et nous rentrons à Delle, après avoir constaté qu'aucun Prussien ne s'est encore montré de ce coté.

Je trouve une dépêche du commandant de Belfort, qui me prescrit de lui envoyer, sous escorte, nos quatre voitures de prises. J'ordonne au sergent J..... de prendre avec lui quatorze hommes et de partir pour Belfort à deux heures du matin. La route est encore libre. J'envoie aussi une escouade en grand-garde à Joncheray, avec ordre de se replier immédiatement si les Prussiens font leur apparition.

3 novembre. — A deux heures, ma grand-garde s'est repliée de Joncheray sur Delle. Les uhlans sont en vue, et des paysans ont annoncé

qu'ils étaient suivis par de l'infanterie avec du canon. J'avertis le maire en lui demandant si la garde nationale veut se joindre à nous et se porter en avant pour engager l'action en dehors de Delle, et lui éviter ainsi un bombardement. Ce fonctionnaire, terrifié de la nouvelle que je lui apporte, me conjure de me retirer avec ma compagnie, proteste qu'il va ordonner aux gardes nationaux de déposer leurs armes, déclare que la résistance est impossible et qu'il me rend moralement responsable des désastres et de la ruine que je vais attirer sur sa population. Il est certain que la position, dans Delle même, est mauvaise ; dominés par la route que suit l'ennemi, nous pouvons être coupés par la route de Belfort qui n'a pas été éclairée, et, en cas de revers, être rejetés en Suisse dont la frontière passe au travers des prairies voisines de la ville. Aucun de nous ne se soucie d'être désarmé et interné en Suisse. Pendant que je délibère avec mes officiers, un officier suisse, commandant le poste d'observation à Boncourt, me fait prévenir que c'est tout un bataillon prussien, avec deux pièces de canon, qui va nous attaquer. C'est bien de l'honneur que l'ennemi fait à une petite compagnie dont l'effectif est déja diminué de quinze bons soldats et de trois malades entrés la veille à l'hospice de Delle. Je me décide donc à regret à battre en retraite. Je confie mes malades à l'humanité des religieuses de l'hospice, je laisse au maire des instructions pour le détachement qui est allé à Belfort, et nous quittons Delle, par les bois, sous la conduite d'un garde-forestier.

Beaucourt était un hameau dont les superbes manufactures d'horlogerie et de quincaillerie de M. Japy ont fait un bourg de trois mille habitants. Beaucourt n'est qu'à sept kilomètres de Delle, c'est là que nous passerons la nuit. MM. Japy et leurs familles nous offrent une hospitalité dont nous garderons toujours le souvenir reconnaissant. Mes hommes reçoivent un bon souper, des cigares, et s'établissent dans le théâtre, car Beaucourt a un théâtre avec une petite scène comme beaucoup de villes de province n'en ont pas. Ils passent toute la nuit à jouer la comédie et à donner un concert. Mes Parisiens émerveillent mes recrues de Franche-Comté, qui n'en ont jamais autant vu et autant entendu. Il m'arrive, le soir, deux des hommes envoyés à Belfort. L'investissement de la place a été effectué dans la journée d'hier. Tout le détachement est parvenu à Belfort sans encombre, mais n'a pu en sortir. Ces deux là, enterrant armes et vêtements, ont réussi à traverser les lignes prussiennes. Interrogés par un officier prussien, ils se sont donnés pour deux habitants du pays, l'un trop jeune pour servir, l'autre infirme et boitant, et comme tel réformé. Leur sang-froid imperturbable aidant, ils ont pu continuer leur chemin, accompagnés d'un « F...ez-moi le camp à tous les diables, » prononcé par l'officier ennemi dans le français le plus pur, sinon le plus châtié.

4 novembre. — Belfort a ouvert le feu sur les troupes qui l'investissent. On entend le canon, mais le tir de ses grosses pièces est lent et irrégulier. Les Prussiens sont à Sévenans. Quelques gens du village, affolés de peur, viennent prévenir M. Japy qu'ils arrivent à Beaucourt pour nous attaquer. Nous sommes condamnés à assurer par notre présence seule la destruction des villages qui nous auront donné asile, et à plus forte raison de ceux dans lesquels nous soutiendrons une attaque. Le pays est très-boisé aux environs de Beaucourt, jusqu'à Belfort même. Il est excellent pour la guerre d'embuscade, telle que nous devrions la faire, telle que nous ne l'avons jamais faite, puisque l'on n'a pas su comprendre la véritable mission des francs-tireurs, puisque l'on nous a toujours engagés comme l'armée régulière. L'ennemi, qui croit en conséquence que les bois sont remplis de francs-tireurs, s'avance avec précaution, s'éclaire admirablement, et la présence de ma compagnie lui a été signalée. Mais ce serait bien mal reconnaître l'hospitalité si généreuse de M. Japy que de provoquer la destruction de ses admirables établissements. Je me décide donc à me retirer sur Blamont où il y a de la garde mobile, et d'où l'on peut se porter dans toutes les directions avec une

retraite assurée. Nous quittons Beaucourt à huit heures, à l'inexprimable soulagement de tous les habitants, nous faisons la grande halte à Hérimoncourt, où l'on nous prend d'abord pour des Prussiens, mais l'on nous dédommage ensuite de cette erreur par une réception chaleureuse, et nous arrivons enfin à Blamont à la nuit tombante. Le bourg est occupé par la première compagnie du deuxième bataillon de la garde mobile du Doubs, qui loge chez les habitants, où j'installe également mes hommes. Pour moi, c'est à qui me recevra; j'échois enfin en partage à M. C..., percepteur, dont l'excellente famille me comble de soins et de prévenances.

5 novembre. — Je quitte mon uniforme et je vais à Montbéliard, aux nouvelles. Les Prussiens occupent déjà Héricourt et tous les villages jusqu'à Belfort. On s'attend à les voir paraître à Montbéliard le lendemain matin. On a fait sauter les ponts du chemin de fer et ceux du Doubs. La ville est dans la consternation, la garde nationale a fait disparaître ses armes et les officiers sont partis; les mobilisés de la ville et du canton sont à Saint-Hippolyte. Je reviens le soir à Blamont. Le froid devient très-fort.

6 novembre. — La garde mobile du Doubs, très-brave et très-bien organisée d'ailleurs, me paraît trop confiante dans la position défensive de

Blamont, et elle ne garde aucune des routes qui y conduisent. Les nouvelles que j'ai rapportées de Montbéliard et la canonnade de Belfort qui augmente d'intensité, ne me laissent pas la même sécurité qu'à un vieux capitaine qui commande la garde mobile. J'obtiens de lui, pourtant, qu'il se concertera avec moi pour établir des grand-gardes dans plusieurs directions. Il se charge de la route d'Audincourt à Blamont, et met sa grand-garde à une ferme à l'entrée du bois de Bondeval. Je poste la mienne au sommet du village de Tulay, sur un chemin vicinal qui conduit directement à Montbéliard par Hérimoncourt et Audincourt. La position est excellente. Du haut de la côte de Tulay, à l'auberge que je prends pour corps-de-garde, on domine un vaste horizon et il est impossible d'être tourné. La configuration tourmentée du sol est telle que les Allemands ne peuvent arriver à Blamont que par la route que je surveille, et qui, quittant la vallée aux dernières maisons d'Hérimoncourt, monte à Tulay, en serpentant et à découvert, ou bien par la route qui traverse le bois de Bondeval, et sur celle-là la garde mobile veille ; ou bien enfin par la vallée de Glay, et alors dans la direction de Delle et de Belfort ; mais là, nous avons un maire, celui de Glay, qui est sur ses gardes et qui nous préviendra au premier signal ; de plus, nous pousserons des reconnaissances le plus loin possible, chaque jour, dans toutes les directions. Notre intérêt est de trouver l'ennemi et de savoir où il est.

Le deuxième bataillon de la garde mobile du Doubs est établi à Pont-de-Roide, à cheval sur le Doubs. On a eu au moins là l'intelligence de ne pas sacrifier inutilement les beaux ponts en pierre sous lesquels la rivière mugit comme un torrent; tandis que partout ailleurs on accumule à plaisir ruines sur ruines. J'ai vu, hier, détruire la première arche du pont d'Audincourt. Les habitants ne peuvent plus communiquer d'une rive à l'autre qu'avec des barques. C'est pour eux une grande gêne, et quand l'ennemi viendra, il aura rétabli en une heure un passage qu'on ne défendra pas plus que les autres. Ces obstacles physiques ne sont pas de nature à arrêter sa marche, lente, il est vrai, mais inexorable comme le destin. La garde mobile, à Pont-de-Roide, peut donc être prise à revers et n'avoir d'autre ressource que de se jeter dans la montagne. Je suis allé y voir aujourd'hui le chef de bataillon, le vicomte de V..., qui m'apprend qu'enfin le colonel P... et sa brigade volante sont retrouvés. Il occupe Clerval, après avoir fait des marches et des contre-marches folles dans la Haute-Saône, sans avoir jamais rencontré l'ennemi. « *S'il ne peut pas,* » a-t-il dit au commandant, « *faire tuer ses hommes par les Prussiens, il veut du moins les faire crever de fatigue.* » Le mot est textuel. Et le fait est que les cavaliers qu'il envoie à chaque instant à Pont-de-

Roide sont, hommes et chevaux, dans le plus pitoyable état. S'il m'adresse des ordres, par hasard, je suis bien déterminé à lui faire savoir que je recevrai à coups de fusil ceux qui me les apporteront.

On dit que les Prussiens sont entrés à Montbéliard, sans coup férir. J'y envoie mon sergent-fourrier, déguisé, pour connaître la force de l'ennemi et savoir s'il est possible de tenter quelque coup de main.

7 novembre. — Le service des grand'gardes fonctionne régulièrement. Il est fourni par deux escouades; quatre escouades restent toujours consignées à Blamont; les deux dernières vont en reconnaissance sous la conduite d'un officier. Un autre officier reste toujours à Blamont; le troisième est chargé, alternativement avec les officiers de la garde mobile, des rondes de jour et de nuit aux grand'gardes. Cette inspection, que je me partage également avec mon lieutenant et mon sous-lieutenant, est assez rude par le froid qui commence à être rigoureux, car il n'y a pas moins de quatre kilomètres de Blamont à Tulay, et les sentinelles avancées sont placées à de grandes distances du poste.

Blamont est un bourg que sa situation rend très pittoresque. Placé au sommet d'un plateau de rochers, auquel on n'arrive que par des pentes rapides, le village est entouré de tous côtés par trois vallées boisées qu'il domine, et s'adosse à la chaîne du Lomont C'est pour ainsi dire une île à l'extrémité de la plaine. Le vieux château, converti en couvent, conserve des constructions grandioses et dont la solidité défiera encore des siècles.

Nous pourrions, à l'abri de ses épaisses murailles, braver les pièces de campagne que l'infanterie prussienne traîne partout après elle. La configuration tourmentée du sol entre Blamont et la frontière suisse l'empêcherait de nous battre autrement que par la plaine qui s'étend des hauteurs d'Audincourt à Blamont, et par ce côté, par les sommets boisés du Lomont, la retraite est assurée. Notre garnison s'est d'ailleurs augmentée des douaniers que leur inspecteur a réunis ici. Ce contingent de 150 hommes, tous vieux soldats, bien disciplinés, bien armés, porte à 380 hommes environ notre détachement. Les habitants, peu patriotes, ne dissimulent pas le déplaisir que leur cause ce surcroît de charges. Le fait est que la population se trouve presque doublée et que les vivres deviennent rares. Il faut aller les chercher en Suisse. Rien ne vient plus de Montbéliard qu'occupe l'ennemi depuis hier.

Mon sergent-fourrier, de retour, a vu entrer les troupes prussiennes qui ont commencé d'abord par occuper la gare, où, c'est lamentable à dire, beaucoup de gens sont allés au-devant d'eux. Ils ont ensuite mis du canon sur la place Saint-Martin, devant l'hôtel-de-ville, et se sont établis aussitôt dans le château et chez les habitants. Mon fourrier malgré son déguisement, a craint d'être reconnu et dénoncé. Il a pourtant vu le maire, qui lui a remis pour moi un billet sans signature, pour me prévenir que nous ferions bien de gagner la montagne, car l'ennemi sait notre présence à Blamont et veut nous avoir morts ou vifs, et, en tous cas, de bien nous tenir sur nos gardes.

8 novembre. — Rien de nouveau, que le canon de Belfort qui retentit de temps à autre, environ un coup toutes les demi-heures. Le soir, le tir devient plus précipité. Il paraît que les obus ont déjà fait du mal à l'ennemi et lui ont tué du monde à de très grandes distances. J'ai dirigé une reconnaissance jusqu'à Audincourt, sans rien voir qu'un bataillon de zouaves auxiliaires qui s'est installé dans le bois de Bondeval, d'où il se propose de harceler les postes avancés de l'ennemi. Au retour nous arrêtons un chariot à deux chevaux contenant trois hommes de mauvaise mine qui sont entrés dans un cabaret d'Audincourt. Ce sont trois vivandiers de l'infanterie prussienne, qui se sont écartés pour acheter des vivres et surtout de l'eau-de-vie. Sous leurs vêtements ils portent au bras des carrés de toile blanche, sur lesquels sont imprimés les numéros et les noms des régiments auxquels ils appartiennent. Je les ramène à Blamont, où on décharge leur voiture, qui ne contient que des tonneaux vides, un sac rempli de monnaie de billon

et un sabre d'officier d'infanterie. Ils ont chacun un portefeuille bourré de billets de banque et de lettres écrites par des soldats à leurs familles. Dans l'une nous lisons que les bois autour de Belfort sont remplis de quarante mille francs-tireurs; il résulte de toute cette correspondance un certain découragement de la durée de la guerre et une véritable terreur du siège de Belfort qui se prépare. Interrogés, sous menace de mort, par mes Alsaciens, ces malheureux, croyant leur dernière heure arrivée, se jettent à nos genoux et nous confirment la nouvelle de l'investissement complet de Belfort. Je les dirige le soir même sur Besançon, où l'on décidera d'eux.

9 novembre. — Mon sergent-major m'a éveillé à minuit pour me dire que la compagnie de gardes mobiles venait de recevoir l'ordre d'évacuer Blamont et de se replier sur Pont-de-Roide, et qu'elle s'apprêtait à partir. Je réunis mes officiers qui confirment la nouvelle et m'apprennent en outre que les douaniers allaient se porter à Saint-Hippolyte. Nous allons rester seuls, sans pouvoir suffire au service des grand'gardes, par conséquent sans être éclairés sur les mouvements de l'ennemi. Nous nous décidons en conséquence à nous retirer aussi, et je donne l'ordre aux clairons de sonner le rappel. A trois heures du matin tout est prêt, et nous partons pour Saint-Hippolyte en franchissant le Lomont et en traversant successivement Pierre-

Fontaine et Montécheroux. Rien n'est plus pittoresque que le passage du Lomont à cette heure matinale. Les arbres et les broussailles sont argentés par le givre et se détachent avec une netteté parfaite dans une brume grisâtre qui rapproche les horizons. On n'entend d'autre bruit que les pas cadencés de mes soldats et le murmure de quelques conversations à voix basse. Aucun bruit ne monte de la plaine encore endormie. Nous croisons, parfois, quelques ombres qui s'écartent de nous et nous regardent passer avec un étonnement silencieux : ce sont des paysans qui devancent le jour pour se rendre à leurs travaux. Un chemin très rapide et très tortueux nous amène à Saint-Hippolyte, bourg situé au fond d'un entonnoir formé par de hautes montagnes au confluent du Doubs et de la Dessoubre, au point de jonction de trois gorges pittoresques. Nous franchissons le Doubs sur un pont de pierre, et nous débouchons sur la petite place au moment où le village commence a s'éveiller. Le maire met à ma disposition les bâtiments du collège, et j'y établis ma compagnie tout entière.

Saint-Hippolyte est rempli d'habitants de Montbéliard qui ont fui la ville avant l'entrée des Prussiens. Il en arrive tous les jours encore. Les mobilisés, les gendarmes et les douaniers ensuite, y sont réunis avec tous leurs officiers. Je vais profiter du séjour que les événements me forcent de faire ici pour faire faire l'exercice à mes recrues et l'école de tirailleurs à toute ma compagnie. La neige commence à tomber.

10 novembre. — Séjour à Saint-Hippolyte. J'ai engagé quelques hommes à Blamont et j'en engage encore quelques-uns ici. L'effectif de ma compagnie se trouve encore une fois complété. Je suis obligé de nommer un sergent et un caporal, car je ne dois plus compter sur ceux qui sont enfermés dans Belfort. Nous ne les reverrons qu'après le siège. — Mes recrues n'ont pas d'uniformes. Les jeunes filles de la ville veulent bien m'offrir de les confectionner, et sous la direction de Mlle de B.... fille du maire, un atelier est installé dans la mairie, et l'on y travaille avec une ardeur et un dévouement sans pareils.

11 novembre. — J'envoie le lieutenant avec une demi-section en reconnaissance jusqu'à Blamont, et je vais moi-même avec une autre demi-section à Pont-de-Roide, où tout est dans le même état. L'ennemi se borne à occuper Montbéliard et Delle, ainsi que tous les villages entre deux. Il n'a pas fait un pas de ce côté, leurs cavaliers, si hardis d'ordinaire, ne se sont encore montrés nulle part. On attend l'ordre d'attaquer Montbéliard, ce qui serait bien facile si la brigade du colonel P...., qui a une batterie d'artillerie, voulait quitter Clerval et recueillir en passant le bataillon de garde-mobile à Pont-de-Roide, les zouaves qui

sont à Bondeval, et enfin ma compagnie, les mobilisés et les douaniers à Saint-Hippolyte. Il n'est pas douteux que nous obtiendrions un succès.

12 novembre. — Il n'y aura décidément rien à faire ici. La garde-mobile va rester sur la défensive et se borner à un rôle négatif, celui de défendre le Doubs, que l'ennemi n'a pas besoin de franchir, au moins quant à présent. Le colonel P..... a, dit-on, quitté Clerval avec sa brigade qu'il ramène à Besançon. Belfort est abandonné à l'héroïsme de ses défenseurs. Après avoir tenu conseil avec mes officiers et ceux de mes sous-officiers en qui j'ai confiance, nous avons décidé que nous irions à l'armée de la Loire. Il n'y a dans ce pays aucune entente entre les corps-francs. L'armée régulière n'y est représentée que par quelques officiers. L'armée de l'Est n'existe plus, elle est allée se fondre dans celle que nous désirons tous rejoindre. On parle de tenter avec elle un grand mouvement sur Paris : ce sera plus utile que les combats sanglants et malheureux livrés dans l'Est et dans les Vosges. De plus, mes hommes, parisiens pour la plupart, ont laissé toutes leurs affections dans la grande ville. Ils ont hâte de s'en rapprocher, d'y entrer les premiers si l'on y entre. Il est donc convenu que nous partirons demain, que nous irons droit à notre but, à marches forcées, prenant les voies ferrées quand nous le pourrons, et que nous demanderons là bas à

servir d'éclaireurs à un régiment ou à une brigade. Nous assisterons à de grandes batailles, et s'il y aura plus de risques à courir, il y aura aussi plus de services à rendre. Je notifie à ma compagnie la décision qui vient d'être prise, et elle est accueillie par des acclamations enthousiastes.

13 novembre. — Départ de Saint-Hippolyte pour gagner Besançon par la montagne. La route, s'élevant graduellement dans une gorge, est une des plus pittoresques que nous ayons jamais vue.

Avec une poignée d'hommes, on arrêterait ici un corps d'armée pendant plus d'une journée. La neige, déja abondante sur ces hauteurs, donne au paysage un aspect grandiose qui ne permet à personne de songer à la fatigue. Le canon de Belfort nous arrive distinctement et résonne sourdement à l'horizon. La grande halte est à Belleherbe. A partir de ce village, la pluie, mêlée de neige, ne nous quitte plus jusqu'à Pierre-Fontaine, où nous couchons. Malgré le temps effroyable, le bourg tout entier se rassemble autour de nous. Nous sommes, nous dit-on, les premiers soldats qu'on ait jamais vus ici. Les habitants ne laissent pas le temps de faire les billets de logement. En un clin d'œil ils ont emmené tous mes hommes, et je vais chez M. le capitaine des mobilisés, qui me reçoit comme un ami de vingt ans

14 novembre. — Mon hôte m'a appris que l'on

réunissait à Besançon toutes les troupes qui opéraient dans les environs, pour les faire concourir à la défense de la place. Je me décide alors à laisser ma compagnie à Pierre-Fontaine où elle est si bien traitée, et à me rendre seul dans la ville pour y chercher la solde de quinzaine. A mon retour, nous tournerons Besançon et nous irons directement à Lyon. Je pars donc dans un petit chariot du pays, et j'arrive à Besançon au moment où l'on allait fermer les portes.

15 novembre. — Il y a bien du changement ici depuis bientôt un mois que j'ai quitté la ville. Il y a d'abord le général R...., qui est le lion du jour: le général R..... est capitaine de vaisseau, *de son état*, et on en fait un général de brigade en lui donnant la mission de réunir, d'instruire, d'armer, d'habiller, et plus tard sans doute, de mener au feu les mobilisés de la Haute-Saône. Quand on rencontre un homme en guenilles, il est d'usage ici de dire « c'est un soldat du général R..... » — Or, je les ai vus, moi aussi, ces héros de l'avenir. Tels la loi les a trouvés chacun chez eux, tels ils sont encore, en casquette, en bonnets fourrés, en bonnets de coton surtout, en blouse, en sabots! Les sous-officiers sont vêtus en gardes-mobiles, les officiers ont l'uniforme de la garde nationale, tandis que le grand chef de tout cela, avec son collier de barbe grise, son air rébarbatif et son accent de la Canebière, porte toujours sa cas-

quette et son habit de marin. Toute cette brigade s'exerce du matin au soir à partir du pied gauche, à faire des demi-tours, enfin tout ce que l'on peut apprendre en dehors de l'exercice du fusil. Le général se donne un mouvement, une activité dévorante. Il met les officiers sur les dents : il jure, il bouscule tout le monde, il ne parle que de faire fusiller les lâches, que de se défendre jusqu'à la mort! Tout ce jargon a ébloui notablement la population de Besançon, qui prend la brutalité pour de l'énergie, le mouvement perpétuel pour de l'activité. A beau mentir qui vient de Marseille. Pour moi, le général R..... est avant tout un bourru malfaisant. Telle est ma première impression.

Le général de P..... commandant la 7e division militaire, est, lui aussi, un bourru, mais un bourru bienfaisant. Il ne parle pas marseillais, lui, et ne se démène pas comme un diable dans un bénitier. Il lutte le mieux qu'il peut, et sans rien dire, contre les difficultés de sa situation, contre le manque d'énergie des troupes, contre l'ignorance des états-majors. Aussi dans Besançon n'entend-on que ceci : « Ah! si nous avions à sa place le général R..... quelle différence! » Oui, quelle différence! c'est-à-dire la grue au lieu du soliveau! Que Dieu nous préserve du général des mobilisés.

16 novembre. — J'ai vu le général de P..... pour lui faire mes adieux et lui dire que je con-

duisais ma compagnie à l'armée de la Loire. Mais, avec sa grosse voix, il m'a répondu qu'une récente décision du gouvernement assimilait tous les corps francs à l'armée régulière et les mettait sous le commandement immédiat des généraux; qu'en conséquence ma compagnie ne quitterait pas le ressort de la 7e division militaire, à moins de se mettre en rébellion ouverte et de s'exposer aux peines disciplinaires prévues par le code militaire: qu'il avait besoin d'elle et de moi, qu'il fallait donc la faire venir à Besançon et qu'il me donnerait ensuite une destination. J'ai eu beau protester, retorquer, il s'est fâché et m'a signifié son ultimatum en termes qui ne souffraient plus de répliques.

Adieu donc à tous nos beaux projets d'indépendance! Après le premier moment de mauvaise humeur, la réflexion est venue. Cette direction que j'allais chercher à l'armée de la Loire, je la reçois ici. Je voulais être déchargé d'une responsabilité que je trouvais trop lourde, je le serai désormais. Dans le métier de soldat, il n'y a rien de plus facile que d'obéir. Que de fois, depuis un mois, n'aurais-je pas échangé avec joie mes galons de capitaine contre le havresac du simple troupier. J'envoie donc un exprès à mon lieutenant, pour lui apprendre ce qui se passe et lui enjoindre d'amener la compagnie à Besançon en deux étapes. Si mes hommes « la trouvent mauvaise » la citadelle de Besançon sera un endroit convenable pour qu'ils puissent se livrer à la méditation.

17 novembre. — En attendant l'arrivée de ma compagnie, je m'occupe de la solde, et j'obtiens que, contrairement aux récentes prescriptions et par exception, mes hommes continueront à toucher le prêt franc. Les vivres de campagne ne sont possibles que pour une garnison ou pour un corps d'armée avec une intendance organisée. Je me procure aussi quelques chaussures et quelques effets de campement qui manquent. A défaut des capotes dont je ne puis obtenir que pour mes sous-officiers, car le général R... a épuisé toutes les réserves des magasins pour ses mobilisés, on me donne de vieilles tuniques d'infanterie, hors d'usage; car par le froid rigoureux qu'il fait, les petites vestes de chasseurs à pied sont insuffisantes. Nous devancerons le carnaval et, comme ce sera drôle, cela plaira à mes Parisiens.

18 novembre. — C'est aujourd'hui que ma compagnie doit arriver. Elle logera chez l'habitant, par ordre du général, ce qui, au moins, nous assure que nous ne resterons pas longtemps dans la ville. Il y a de mauvaises nouvelles dans l'air. Les Prussiens, qui bordaient toujours la Haute-Saône, se sont montrés assez près de Besançon. Un fort détachement a occupé Saint-Witt, station du chemin de fer de Besançon à Dôle, à dix-huit kilomètres de Besançon. Il y est resté une journée, a reçu quelques coups de fusil et a fusillé un paysan par représailles. Depuis lors, la

ligne ferrée est interceptée, tout le personnel et le matériel ont été ramenés à Besançon, et il ne reste d'autre ligne pour le ravitaillement de la place, que celle qui va directement a Lyon en passant par Mouchard, Lons-le-Saulnier et Bourg. Celle-ci franchit le Doubs deux fois, sur deux ponts magnifiques; il importe à la défense de la place de les conserver intacts et de s'assurer à tout prix des communications avec Lyon. Deux détachements de chasseurs à pied, commandés chacun par un sous-lieutenant, bivouaquent sur les ponts. Il y a d'autres détachements aux stations de Franois et de Montferrand. Enfin, en avant de la ville, on travaille nuit et jour à élever et à armer de nouvelles redoutes, pour élargir autant que possible le périmètre de la défense. Les forts sont armés de pièces à longue portée, servies par des marins dont on connaît l'habileté pour le pointage. Toutes les forces régulières et auxiliaires dont on dispose sont dans la ville. — C'est demain que je connaîtrai la mission qui me sera confiée.

19 novembre. — En sortant de Besançon, le Doubs et le canal du Rhône au Rhin décrivent de nombreuses sinuosités entre les deux lignes ferrées de Dôle et de Lons-le-Saulnier. Cette dernière ligne les franchit à Montferrand et à Torpes sur deux beaux ponts très-hardis et très-élevés. Après Torpes, les eaux se jettent brusquement à

gauche, décrivent un vaste demi-cercle, reviennent à droite sur elles-mêmes en longeant le pied des rochers couronnés par la forêt de Chaux, et changeant alors une fois encore de direction, vont rejoindre par la gauche et presqu'en ligne droite, la voie de Besancon à Dôle. Le petit village d'Osselle, séparé de Torpes par la forêt de ce nom, et adossé aux dernières pentes de cette forêt, est assis dans des prairies baignées par le Doubs. Il se trouve au centre de ce demi-cercle décrit par la rivière et, par conséquent, pour ainsi dire dans une presqu'île, à trois kilomètres de Saint-Witt, auquel il est relié par un chemin de grande communication. Osselle est au point d'intersection de la route qui conduit à Besançon par Torpes et Montferrand, de la route qui conduit sur l'autre rive du Doubs, par le pont suspendu de Byans, et couvre ce pont suspendu en même temps que les deux ponts du chemin de fer. Si l'ennemi veut franchir le Doubs, s'il veut se rendre maître de la voie ferrée de Besançon à Lyon, il est absolument nécessaire qu'il débouche par Osselle en venant de Saint-Witt. Aux yeux de l'état-major, cette position a une importance considérable, et elle l'a en effet. Le général la qualifie de « *poste d'honneur*, » et c'est lui qu'il me charge de défendre. C'est, en un mot, le poste le plus avancé des défenses de Besançon. Notre rôle consistera à signaler la présence de l'ennemi et à l'arrêter le plus longtemps possible, jusqu'à ce qu'on vienne nous appuyer. Dans ce but, comme ma seule compagnie serait insuffisante, on m'adjoint les trois postes de chasseurs à pied qui gardent les ponts de Byans, de Torpes et de Montferrand, en tout soixante-quinze hommes avec trois sous-lieutenants. J'en ai le commandement et le droit de les engager si besoin est. Un bataillon de garde mobile du Tarn-et-Garonne, cantonné à Quingey, à douze kilomètres au-delà du Doubs, a ordre de nous soutenir et de marcher au canon. Enfin, par une exception flatteuse pour ma compagnie et qui confirme l'importance attribuée à la possession d'Osselle, on me confie un obusier de montagne, approvisionné à cinquante obus, avec des obus à balles et des boîtes à mitraille.

Je suis allé aujourd'hui, à pied, seul, à Osselle, qui est à vingt kilomètres de Besançon, pour reconnaître la position. A mon retour, en traversant le bois de Montferrand par une nuit sombre et pluvieuse, on a tiré de l'intérieur du bois deux coups de feu sans m'atteindre. J'ai riposté avec ma carabine Vetterli, en visant sur la flamme du second coup. C'étaient des gardes nationaux de Montferrand qui m'avaient pris pour un officier prussien. Nous ne nous sommes fort heureusement atteint ni les uns ni les autres.

20 novembre. — J'ai choisi, dans ma compagnie, les cinq hommes les plus intelligents pour le service de mon obusier. Un maréchal-des-logis

d'artillerie leur a fait hier et aujourd'hui, toute la journée, faire l'exercice du canon. L'un d'eux a, du reste, reçu des leçons de pointage, a pris part à des exercices à feu au polygone, et je suis assuré que, le cas échéant, ma petite pièce d'artillerie fera son devoir. Le chef d'état-major m'a donné par écrit les instructions les plus détaillées pour nos lignes de retraite, en cas de malheur, en me laissant au reste la faculté de les modifier selon les circonstances et de prendre sur place toutes les dispositions que je jugerais nécessaires pour l'accomplissement de ma mission. Chaque jour, un officier m'apportera les mots d'ordre de la place. Une circulaire a enjoint aux maires et aux gendarmes de se tenir à ma disposition.

Je fais partir aujourd'hui ma compagnie pour Montferrand, où elle couchera. Je la rejoindrai demain avec mes artilleurs, mon obusier, mes munitions et une caisse de cartouches.

21 novembre. — J'ai quitté Besançon ce matin par un temps affreux. Une pluie torrentielle nous a tenu fidèle compagnie jusqu'à Osselle. J'ai rallié à Montferrand ma compagnie et nous arrivons à trois heures à Osselle, après avoir croisé, chemin faisant, la compagnie Schmidt, qui était dans la forêt de Chaux, et qui se replie sur Besançon. Nous allons donc être en première ligne, et le premier coup de canon tiré le sera par nous et sur nous.

Notre arrivée à Osselle a consterné les habitants du village. Ils avaient été, comme tous leurs voisins, épouvantés de l'apparition des Prussiens à Saint-Witt, et ont accueilli tous les récits que l'on fait partout des cruautés et des représailles exercées par l'ennemi contre les villages qui reçoivent les francs-tireurs. Je suis forcé, à mon grand regret, d'avoir dès le premier moment la menace à la bouche, et je ne trouve aucun appui dans le maire qui est ou se dit malade, et se renferme prudemment chez lui. Par ordre, les soldats sont logés chez les habitants, et je m'empare, puisqu'on ne me l'offre pas, du petit château appartenant à un ancien commandant du génie, qui s'est retiré en Suisse avec sa famille.

22 novembre. — Ma nouvelle résidence est un pavillon à deux étages, au milieu d'un herbage, au pied de la forêt d'Osselle, et tout-à-fait à la sortie du village. Des fenêtres on découvre toute la presqu'île; à droite, Byans et son pont suspendu, en face, au premier plan, le chemin de fer, et derrière, les deux villages d'Abbans dominés par le vieux château-fort du marquis de Jouffroy d'Abbans, qui profile sur le ciel ses tours carrées et son donjon ; au dernier plan, les collines plantées de vignes. Nous sommes dans le pays où l'on récolte le meilleur vin de tout le département, et je me suis déjà convaincu qu'il n'a pas usurpé la réputation très-grande qu'il possède, mais il est

extrêmement capiteux, et je prévois qu'il m'occasionnera de grands désagréments avec ma compagnie.

J'établis donc mon quartier-général dans le château, où je suis seul avec mon ordonnance et un enfant de seize ans qui sert de concierge. Je dispose d'une chambre au deuxième étage, de la salle à manger et du salon, où il y a un piano et de la musique. Mes officiers logent dans le village.

J'ai organisé aujourd'hui le service, et voici comment : Le point qu'il importe de surveiller et de défendre, c'est la route qui conduit à Saint-Witt, dont on distingue les maisons, en passant par le petit village de Routelle. Cette route, resserrée, en sortant d'Osselle, entre le moulin d'Aranthon à gauche, et un bloc de rochers qui termine la forêt d'Osselle à droite, se dirige en droite ligne sur Routelle pendant dix-huit cents mètres : à la sortie de Routelle, elle s'infléchit à gauche pour atteindre Saint-Witt, placé sur une hauteur. C'est donc au-dessus du moulin, sur la lisière de la forêt, que j'établis mon obusier de montagne. Les artilleurs y transportent la pièce et établissent immédiatement deux plate-formes gabionnées à vingt mètres l'une de l'autre, afin de pouvoir changer rapidement la pièce de position et faire croire à l'ennemi que nous en possédons deux. Ces deux plate-formes sont masquées par des broussailles. Un peu en arrière, une levée de terre protége le parc aux projectiles et un gourbi en branchages pour les hommes de garde auprès de la pièce. Je fais dégager un sentier qui conduit des plate-formes à travers le bois à la route de Besançon, pour emmener rapidement la pièce, et on élève un grand gourbi en branchages, couvert par les toiles de tente, pour la grand'garde, à une cinquantaine de mètres dans l'intérieur du bois.

Chaque jour, deux escouades commandées par un sergent, prendront la grand'garde dans la forêt, à huit heures du matin, après l'appel, jusqu'au lendemain matin. Elles emporteront leurs vivres et, sous aucun prétexte, aucun homme ne quittera le poste pour descendre au village. Deux artilleurs seront de service auprès de la pièce. La grand'garde fournira un factionnaire au bas de la forêt, sur la route de Saint-Witt, un autre auprès de la pièce, un troisième sur la route de Besançon qui traverse la forêt et conduit à Osselle; une ronde d'officier et une ronde de sous-officier visiteront chaque nuit tous les postes et iront demander aux factionnaires les mots d'ordre et de ralliement. Il est absolument interdit d'allumer du feu à la grand'garde; les aliments qu'elle emporte doivent être cuits à l'avance. Une troisième escouade fournit un poste dans une des dernières maisons du village, en face du petit château, et un factionnaire garde l'entrée du village. Ce poste est commandé par un caporal. Il se relève en même temps que la grand'garde. Les cinq escouades qui ne sont pas de service sont consignées dans le village, et nul ne peut en sortir sans une permission signée de moi. Celles-là ont deux appels par jour, et l'après-midi font l'école de tirailleurs et l'escrime à la baïonnette dans l'herbage du château.

23 novembre — La pièce a été mise en batterie aujourd'hui même. Mes artilleurs ont fait merveille; l'un d'eux, qui est entrepreneur de terrassements, a dirigé l'établissement des plate-formes et le gabionnage avec autant d'adresse que de célérité. Le service a commencé, mais dans les plus mauvaises conditions, sous des torrents de pluie. J'ai fait la première ronde de nuit au milieu d'un vrai déluge : tout le monde était à son poste, et le factionnaire de la route de Besançon a croisé la baïonnette sur moi avec tant de zèle qu'il a failli m'embrocher.

24 novembre. — Je me suis mis en rapport avec les maires de Saint-Wit, de Routelle et de quelques autres villages, ainsi qu'avec la brigade de gendarmerie de Saint-Witt. Ce sont les cantonniers qui me servent d'éclaireurs : ils doivent passer chaque jour dans les villages sur la limite de la Haute-Saône, demander aux maires des rapports écrits sur les mouvements des Prussiens, et se les transmettre l'un à l'autre. Les gendarmes,en cas d'alerte, ont ordre de se replier sur Besançon en passant par Routelle, pour me prévenir. Enfin, chaque jour,

des hommes déguisés iront en reconnaissance dans toutes les directions. Avec cet ensemble de précautions, il me semble impossible que nous soyons surpris. Ce seront les Prussiens qui seront surpris, au contraire, en trouvant de l'artillerie là où ils ne croiront trouver que des francs-tireurs. J'ai envoyé à l'état-major de la division le détail de toutes les mesures que j'ai prises, et elles ont été approuvées sans restriction.

25 novembre. — Le service que fait ma compagnie ici est plus dur qu'aucun qu'elle ait déjà fait. Sur trois nuits, chaque homme en passe une en grande'garde, et les nuits sont déja bien froides. Il a tellement plu que le terrain des gourbis est un véritable marécage. Les hommes ne peuvent se coucher, et comme il leur est interdit de faire du feu, ils passent vingt-quatre heures avec leurs vêtements ruisselants d'eau. Personne ne murmure jusqu'à présent, mais le médecin de ma compagnie, un pharmacien de 1re classe que j'ai recruté à Pierre-Fontaine, me pronostique que la santé de mes hommes ne résistera pas à ces épreuves.

26 novembre. — 4 décembre. — J'ai passé quatre jours dans mon lit, avec une forte fièvre. C'est ainsi que j'ai compris mon isolement et que j'ai appris une fois de plus à connaître les hommes. J'aurais pu crever comme un chien, sans que personne, à l'exception de mon ordonnance

et du médecin, ait pris la peine de s'en occuper. Mes officiers eux-mêmes m'ont tout-à-fait abandonné : je ne les ai revus que lorsque j'ai pu quitter mon lit, très-affaibli, mais bien heureux d'avoir évité quelque maladie qui m'aurait obligé de me faire transporter à l'hôpital de Besançon. Mon sergent-major et mon sergent-fourrier, deux braves et honnêtes garçons, deux bons soldats en qui j'ai toute confiance, venaient seuls me rendre compte de tout ce qui se passait. Je les ai spécialement chargés de surveiller la compagnie où commencent à fermenter quelques levains de révolte contre mon autorité. La terre est couverte de neige, le thermomètre se maintient à douze degrés au-dessous de zéro. Mes soldats souffrent beaucoup et s'en prennent à moi, au lieu de s'en prendre au général qui m'a donné les ordres rigoureux que je suis forcé de faire exécuter : Tout malade que je suis, je réunis la compagnie, et après l'avoir sévèrement rappelée à son devoir, j'envoie un soldat à la citadelle, comme promoteur du désordre, et je chasse deux sergents et deux soldats. Après cette opération, les murmures se taisent et je puis compter sur la discipline et sur l'obéissance de ceux qui restent.

4 — 20. décembre. — Ce que j'avais prévu est arrivé. Le général de P..... à été envoyé en disgrace, et c'est le général R.... le chef des mobilisés de la Haute-Saône, qui le remplacera dans

le commandement de la 7e division militaire. La population civile de Besançon ne se sent pas de joie : les militaires sont consternés. Rien n'est changé d'ailleurs dans le personnel de l'état-major, mais ce personnel est surmené, et de la douce oisiveté dans laquelle il vivait, il est forcé de passer à un semblant d'activité qui rejaillit sur tout le monde. Le nouveau général veut tout faire, tout voir, tout savoir. Il arpente à grands pas les rues de la ville, arrêtant tous les soldats, leur demandant qui ils sont, d'où ils viennent, ce qu'ils « fichent là »? C'est le régime de la terreur; du plus loin qu'on l'aperçoit, avec une unanimité touchante, officiers et soldats, tout le monde s'esquive. Quant à moi, obligé de venir souvent à Besançon à l'ordre et au rapport, je fais tête à l'orage, et j'ai avec le vieux loup de mer des abordages sérieux; aussi m'a-t-il pris en grippe, ce dont je me « f.....iche » pour employer son langage parlementaire. — Il n'est pas jusqu'à ses gaiétés qui ne ressemblent pas à celles de tout le monde. Hier, à la table d'hôte où il dine et devant cinquante officiers, il entonne d'une voix de tonnerre et comme s'il chantait le De Profundis, la vieille chanson de M^{r} et Me Denis :

Souvenez vous en !
Souvenez vous en !

Oh ! oui, je m'en souviendrai ! et tous ceux qui étaient présents doivent s'en souvenir encore.

On se bat dans la Haute-Saône un peu par tout, le long des rives de l'Oignon. On entend le canon prussien dans toutes les directions : ils font usage de leur artillerie comme moyen d'intimidation, à propos de rien. Ils passent ou repassent l'Oignon, mais ne se hasardent pas plus loin que la rive de cette rivière débordée et qui est devenue un obstacle sérieux! Pourquoi ne veut-on pas en défendre le passage? Ce qui nous protège mieux que toutes nos positions, c'est la neige qui est tombée en grande abondance et qui entrave absolument la marche de l'artillerie. Le froid est d'une extrême intensité. Un de mes soldats est mort de congélation, en faction. Le même fait s'est produit déjà à Besançon, et pourtant il faut redoubler la vigilance et ne se relâcher en rien des mesures de précaution prescrites, car nous sommes entourés d'espions. Il y en a un qui nous a suivis depuis le 15 novembre, et qui, étant allé à Saint-Dié recevoir le prix de son infâme commerce, y a reconnu un de mes soldats que j'avais autorisé à y aller chercher son père grièvement blessé à la Bourgonce. Ce pauvre diable n'a pu s'échapper qu'en sautant par une fenêtre, après avoir essuyé quelques coups de pistolet, et a dû passer la nuit sur un arbre sous lequel passaient et repassaient les soldats qui le cherchaient pour le fusiller.

Le général R..... m'a fait demander un rapport sur tout ce qu'a fait ma compagnie depuis sa création, car, dit-il, tous les francs-tireurs « sont des fainéants qui mangent l'argent de l'État et ne servent à rien. » Je suis de son avis pour beaucoup, mais néanmoins il ne veut pas, malgré ma demande, nous rendre la liberté de faire notre vrai métier. Il nous prescrit de rester où nous sommes, et quand je lui parle de mon désir de rendre mes galons pour entrer dans un corps régulier, même comme simple soldat, il me répond qu'il me fera fusiller. C'est son argument favori, comme celui de Polichinelle est son bâton. Il n'en a pas d'autres. Avec un pareil homme, je sens bien que ma responsabilité a grandi, et que je n'aurai pas le droit d'être vaincu : aussi n'ai-je jamais autant souffert moralement et physiquement que depuis quelques jours. Je ne sais comment on jugera plus tard la conduite des francs-tireurs et l'influence qu'ils auront exercée sur cette guerre horrible, mais ce que je sais, c'est qu'on ne pourra du moins pas leur refuser la vertu du dévouement. Nul ne pourra juger de notre existence et s'en faire une idée s'il n'a véçu parmi nous.

Hier, pendant une ronde d'officier à ma grand-garde, un de mes meilleurs soldats est tombé dans le canal à l'écluse d'Aranthon. La nuit était tellement obscure que nous ne pouvions même pas nous voir à deux pas. Malgré tous nos efforts, le malheureux était mort quand on a pu le retirer avec des peines infinies. Il laisse une femme et trois petits enfants. Encore une victime ignorée du devoir! Combien n'y en a-t-il pas d'autres! Nous l'avons enterré aujourd'hui dans le cimetière d'Osselle, avec tous les honneurs militaires. Le métier que nous faisons n'est pas dépourvu de périls, comme on le voit, et il y en a de plus sérieux encore. Il ne se passe plus de nuits que l'on ne tire sur mes factionnaires, soit de l'intérieur du bois, soit de l'autre rive du Doubs. Quand nous allons faire nos rondes de nuit, nous servons aussi de cible à ces ennemis invisibles, et il m'arrive souvent d'entendre siffler les balles auprès de moi. Une fois, une sentinelle a riposté au juger, et le lendemain on a trouvé des traces de sang sur la neige. L'état-major de Besançon s'est ému de ces attaques nocturnes, mais personne n'a pu rien découvrir encore. Nous n'osons nous faire part de nos conjectures, car il est à croire que ces tentatives coupables viennent des habitants du pays, que notre présence gêne et inquiète, et qui voudraient nous faire quitter la place. En tout cas, les agresseurs ont des armes à longue portée, fort justes, et connaissent admirablement tous les sentiers et tous les passages.

Je pense de plus en plus à quitter ma compagnie, à échapper à l'insupportable commandement du général R.. .. et à prendre du service n'importe à quel titre dans l'armée régulière. On ne peut se faire une idée de l'action funeste qu'exerce sur le moral cette vie uniforme et si pénible. La souffrance sur place est bien plus appréciable qu'en action. La discipline se relâche, les caractères s'aigrissent. Il faudrait une main de fer, un cœur cuirassé, pour maintenir les soldats à la hauteur de leur mission, et je me sens faiblir devant cette tâche que je remplis depuis un long mois. Il me faut l'espace, le mouvement, les aventures, la bataille. Quelques amis me conseillent d'entrer dans l'intendance militaire, où l'on m'accueillera sans difficulté, comme ancien fonctionnaire et comme ayant déja exercé les fonctions de sous-intendant. J'y ai consenti, mais à la condition expresse de servir devant l'ennemi, de partager les privations et les dangers des soldats. Le chef d'état-major part pour Lyon où est en ce moment le ministre de la guerre. Il emporte ma demande, dans laquelle j'expose au ministre que s'il ne peut m'agréer pour ce poste, je me mets à sa disposition pour entrer dans le régiment qu'il me désignera, avec le grade qu'il lui plaira de me donner.

21 décembre. — J'ai remis ma démission entre les mains du général R..... qui m'a paru furieux d'apprendre mon changement de position. L'intendant divisionnaire de Besançon, M. de M..... qui est pour moi très-bon et très-affectueux, m'a remis ma nomination au grade d'intendant militaire de 3e classe. La lettre de service est en date du 18 décembre : elle me met à la disposition de l'intendant de Besançon. En vertu des nouvelles

dénominations, il n'y a plus d'adjoints à l'intendance de 1re et 2e classe. Il y a des intendants divisionnaires (général de brigade), intendants de 1re classe (colonel), de 2e classe (lieutenant-colonel), de 3e classe (chefs d'escadron) et des sous-intendants (capitaines). Cette classification, beaucoup moins compliquée que l'ancienne, a trop de raisons d'être pour survivre au gouvernement qui l'a établie. C'est ainsi que l'on est en France. Le mieux est l'ennemi du moins bien, et c'est toujours le moins bien qui finit par avoir raison.

Le général R..... n'a pu y tenir et, à l'ordre, devant les chefs de service, il a eu quelques paroles amères pour les dispositions qui, d'un capitaine de francs-tireurs, faisaient un intendant militaire. — Un officier supérieur, qui partage mon aversion pour cet enfant de la Canebière, lui a répondu d'un air agréable qu'on voyait bien des capitaines de vaisseau passer généraux de division, ce qui a clos l'incident, comme on dit à la chambre.

Mon sergent-major et mon fourrier qui me sont attachés, ont quitté la compagnie avec moi, et veulent partager ma fortune, bonne ou mauvaise. Je les fais entrer dans les bureaux de l'intendance, le premier à demeure, dans le service de la manutention, le second, provisoirement, en attendant mon entrée en campagne, où il m'accompagnera en qualité de commis aux écritures.

22 décembre. — Je m'occupe de mon nouvel

équipement, car il paraît qu'une partie de la garnison de Besançon va fournir une division qui se réunira à l'armée du général Bourbaki, annoncée et qui est en marche sur Besançon. Le 24e corps arrive et s'établit aux Chaprais. Je suis chargé de concourir à ses approvisionnements, concurremment avec les intendants de ses deux divisions. Ce n'est pas une mince besogne, par le froid intense qu'il fait. Je suis sur pieds avant le jour et jusque bien avant dans la soirée.

25-31 décembre. — Tout est à l'espérance. L'armée du général Bourbaki, la 1re armée de la Loire qui va changer son nom pour celui d'armée de l'Est, arrive et inonde la campagne autour de Besançon. On dit qu'elle compte 100,000 hommes et elle a une nombreuse artillerie. Elle se compose des 15e, 18e, 20e et 24e corps. Ce dernier, très-faible puisqu'il n'a que deux divisions, va être complété par une formée des troupes de Besançon et qui prendra le nom de 1re division. Avec de pareilles forces, on ne doute pas de débloquer Belfort qui tient bon et qui fait une véritable hécatombe de Prussiens. Le général Werder n'a, dit-on, que 40,000 hommes à nous opposer, et il est embarrassé par un énorme matériel de siége. Chacun se voit déja de l'autre coté du Rhin. Si Dieu permet que cela se réalise, la revanche sera terrible, et nous assisterons à des horreurs.

Cependant, les hôpitaux s'emplissent, à tel point qu'on ne sait plus où loger les malades. La petite vérole fait de grands ravages dans la ville et dans le camp.

Je suis témoin chaque jour des scènes les plus affligeantes, et je ne puis surmonter l'appréhension que me cause l'indiscipline de cette armée recrutée à la hâte et composée d'éléments si jeunes et si hétérogènes. Les soldats pillent les magasins de vivres; ils commettent journellement des vols avec effraction et ces délits restent impunis. Ils ont l'extérieur de bandits, déguenillés, sordides. Ils ne rachètent pas même cet extérieur déplorable par un air martial. Dans les maisons des faubourgs où ils sont logés, ils commettent des excès de toute sorte : j'en ai vus briser les chaises, les bancs et décrocher les volets d'une maison habitée pour alimenter un grand feu allumé dans la cour, au risque de tout incendier. Malgré les ordres des généraux de ne pas quitter les cantonnements, les rues de Besançon sont encombrées de soldats et d'officiers, les cafés en regorgent, et quand il s'agit de fournir des corvées pour venir chercher des vivres, les chefs de corps sont impuissants à vaincre la mauvaise volonté de leurs hommes. L'incurie est telle que nul ne songe à faire ferrer convenablement les chevaux de l'artillerie et de la cavalerie Les routes, couvertes d'une épaisse couche de glace, sont à peine praticables pour les piétons. Les malheureux chevaux tombent à chaque pas, se blessent et se tuent. Il ne vient à l'esprit de personne de remédier à un semblable état de choses, qui sera plus désastreux encore quand on marchera sur Belfort. Le personnel des ambulances est incomplet partout. Il n'y a pas assez de médecins ni d'infirmiers; pas de mulets, de cacolets. On en demande à Bordeaux, à Lyon, partout. Il n'y a pas de capotes pour les soldats : on en fait acheter en Suisse, en Angleterre, et elles n'arrivent pas. L'intendant divisionnaire est sur les dents, il se multiplie, mais le désordre est tel qu'il ne peut vaincre les obstacles sans cesse renaissants. Il me prédit toujours que, dans les conditions où nous sommes, avec les éléments dont nous disposons, l'expédition durera quinze jours, au bout desquels nous reviendrons battus et en déroute, avec l'ennemi sur nos talons. Je l'accuse de pessimisme, mais au fond du cœur, je suis plus inquiet que je ne veux le laisser voir, et je crois que tout ce que j'ai souffert depuis quatre mois n'est rien auprès de ce qui m'attend. A la grâce de Dieu : l'heure du dévouement a sonné pour moi depuis longtemps et mon sacrifice est accompli.

1er janvier 1871. — C'est aujourd'hui le jour que l'on aime à passer au milieu des siens, à échanger des souhaits de bonheur et d'avenir. Quel jour de l'an ! et qui de nous l'oubliera jamais! Les visites officielles ont été contremandées, et chacun reste chez soi sans oser faire allusion à la solennité de ce jour et aux usages accoutumés,

Que nous prépare cette année qui commence sous de si funèbres auspices ? Verra-t-elle la fin de la France, ou verra-t-elle notre malheureux pays sortir de ses ruines ? Cette dernière hypothèse, hélas! devient chaque jour moins probable. Nous allons, avec l'armée de l'Est, jouer notre dernière carte. Les nouvelles se succèdent de plus en plus mauvaises. On s'arrache les journaux, une foule énorme stationne devant les affiches et les dépêches au piment du Gouvernement; on les lit, on les commente à haute voix, et tout en admirant Paris, notre dernier boulevard, chacun s'attend à apprendre que l'ennemi a souillé de sa présence la capitale du monde. Les souffrances qu'y endure la population sont, dit-on, au-dessus de tout ce que l'on peut imaginer. Une mortalité effrayante s'ajoute à la famine, et les bombes écrasent la rive gauche de la Seine. On fait courir le bruit que la résistance peut être prolongée jusqu'au milieu du mois de mars; mais les rares lettres qui parviennent ici par les ballons montés, démentent formellement les assertions répandues pour l'ennemi.

2 janvier. — Le général Bourbaki est venu aujourd'hui visiter le général commandant la septième division militaire. On a tenu conseil sur la manière d'aborder les Prussiens devant Belfort. Il paraît que le plan adopté a été présenté par le chef d'état-major, et qu'il consiste à enlever tous

les postes de la Haute-Saône et à couper l'armée prussienne de l'Alsace en la jetant sur la Suisse. C'est en conséquence par la rive droite du Doubs qu'on opèrera, sur un point unique et en une seule attaque. Ce projet a l'avantage de procurer de belles routes pour la marche de l'armée, et des ressources plus faciles pour le ravitaillement. Mais il est vraiment temps que l'on se décide enfin à marcher. Il semblerait que l'on veut laisser au général Manteuffel le loisir de couper à son tour, avec quatre-vingt mille hommes, toutes nos communications ; et le fait est que ce général arrive à marches forcées.

Le général Bourbaki a une belle tête militaire, avec sa grande barbe qu'il a laissé pousser comme tous les officiers. Il paraît affable, et l'armée l'aime et a confiance en lui. Cela va nous changer de tous ces généraux d'occasion, qui seraient grotesques si parfois ils n'étaient odieux, et si l'on avait le courage même de sourire. Le seul reproche, si c'en est un, que j'entends lui adresser, c'est qu'il n'a jamais commandé en chef une armée et qu'il s'est borné jusqu'ici à être l'un de nos meilleurs généraux de division. Nous le verrons à l'œuvre, et certes il aura un mérite exceptionnel s'il obtient quelque chose des troupes dont on lui a donné le commandement.

Le général Bressolles, commandant en chef le vingt-quatrième corps, était colonel d'un régiment d'infanterie avant le 4 septembre. On le dit absolument de la même nuance politique que Gambetta. Quoi qu'il en soit, il n'a pas les sympathies de son corps d'armée. Au rebours du générat Bourbaki, le général Bressolles ne sort qu'accompagné d'un escadron de volontaires, formé et équipé à Lyon, composé de jeunes gens de bonne famille, beaux hommes, et montant de superbes chevaux qui leur appartiennent : ou bien, comme hier, par exemple, il descend du camp dans la ville dans une belle calèche à deux chevaux. S'il pouvait entendre les réflexions que l'on échange sur son passage, je crois qu'il laisserait son escadron d'escorte à l'écurie et sa voiture sous la remise.

Les troupes de Besançon, qui devaient former une division du 24e corps, ne partent plus : je partais, je reste, et j'ai pour demain la corvée majeure d'inspecter les hôpitaux et les ambulances de la ville et des environs.

3 janvier. — Si j'avais le choix, j'aimerais mille fois mieux revoir en face les Prussiens et entendre de nouveau la musique connue de la fusillade et des obus, que de passer une semblable revue pour la deuxième fois. Sorti de chez moi à huit heures, je suis rentré à six heures du soir. Pendant ce temps, j'ai visité dix hôpitaux ou ambulances, dont deux consacrés aux varioleux, et j'ai traversé en une journée toutes les maladies connues. J'avoue, à ma honte, qu'en entrant dans ces grandes

salles, où on ne respire que des miasmes mortels, j'ai senti une vive émotion, et que le cœur me battait plus vite qu'à l'ordinaire. Je me disais qu'il serait sans utilité pour personne, sans honneur pour moi, de rapporter de là la mort qui n'avait pas voulu de moi devant l'ennemi. Je ne me serais jadis jamais cru capable de ce détachement de tout. Mais on est bien fort quand on est soutenu par le devoir. Il en sera ce qu'il plaira à Dieu : j'ai du moins rempli de mon mieux la mission qui m'était confiée, et contribué à encourager les malheureux ainsi qu'à soulager quelques souffrances.

4 janvier — Nouveau changement. La garnison de Besançon marche décidément et prend le titre de première division d'infanterie du vingt-quatrième corps d'armée. Je suis nommé intendant de cette division, et je reçois à quatre heures du matin l'ordre de me préparer à partir le jour même. Rien ne m'étonne plus, j'ai vu déjà des choses si surprenantes, tant d'ordres et de contre-ordres, que je suis préparé à tout. Mon paquet est bientôt fait. L'intendant divisionnaire a bien voulu me prêter ses cantines ; à six heures je suis prêt de ma personne, et je n'ai plus qu'à m'occuper des services dont j'ai le commandement.

Ma division comprend le seizième bataillon de chasseurs à pied, le soixante-troisième régiment de marche, formé par la réunion de trois bataillons de garde mobile de la Haute-Garonne, du Tarn-et-Garonne et du Haut-Rhin, commandés par un lieutenant-colonel d'infanterie, la 3e légion du Rhône, un régiment de mobilisés du Doubs, un escadron de dragons de marche, une compagnie du génie, et enfin une batterie d'artillerie de la garde mobile du Doubs, forte de six pièces de 4 et de six obusiers de montagne. L'effectif est de sept mille cinq cents hommes, ce qui constituerait, sans notre artillerie, une très-faible division. L'état-major se compose du général Z..., ancien colonel d'infanterie, qui vient d'arriver et que personne ne connaît, du vicomte d'O..., lieutenant-colonel de la garde mobile du Doubs, chef d'état-major, et de deux officiers d'ordonnance. Il y a donc économie de personnel, mais dans l'intendance, il y en a absence complète. L'intendance ne comprend donc que moi, avec un commis auxiliaire et deux ouvriers d'administration. L'ambulance est encore plus déplorable. L'officier comptable, jeune homme intelligent et actif, n'a que deux voitures et dix infirmiers. Il manque deux sous-intendants, un officier d'administration, un élève d'administration; il me faudrait quatre médecins, je n'en ai pas un! Pas de pharmacien. Pas un seul fourgon, pas une seule voiture Masson, pas un seul mulet. Il me faudrait vingt-cinq infirmiers de plus. Il me faudrait un convoi d'au moins cent cinquante voitures avec six jours de vivres de campagne. On me dit que les vivres me parviendront par le chemin de fer à Baume-les-Dames, où nous allons ; que je réquisitionnerai là-bas les voitures dont j'aurai besoin. Il me faut un escadron du train pour conduire et escorter les voitures. Je n'en aurai pas. Il me faut de l'argent pour acheter des bœufs, pour faire la solde, on ne me donne pas un centime, alors qu'il est besoin d'un comptable habile avec une avance d'au moins vingt-cinq mille francs. Rien ! rien que des promesses pour certaines choses, et pas même d'espérance pour d'autres. C'est à ne pas le croire, et l'on veut réussir dans de semblables conditions. Mais l'incurie, la pénurie et le désordre sont au comble. Il faut marcher, je l'ai voulu, je marcherai, mais je me sens déjà écrasé sous la responsabilité immense qui va peser sur moi.

J'ai vu le général commandant notre division. Il m'a appris que notre départ était remis au lendemain. Je suis sorti furieux de notre entrevue. Voici ce que le général m'a dit en propres termes : « Ah ça, j'espère, Monsieur l'intendant, que vous allez nous faire bien vivre, et que vous ne garderez pas pour vous tous les gigots, comme on a l'habitude de le faire dans l'intendance. Je vous préviens aussi qu'il me faut un wagon-écurie bien rembourré pour mes chevaux. Entendez-vous avec le chef de gare. » Je n'aurais pas voulu le croire, si je ne l'avais entendu de mes propres oreilles. Voilà les généraux de la fabrique du gouvernement de la Défense nationale! En sortant j'ai déclaré, bien entendu, à l'officier d'ordonnance, que je n'étais pas le domestique de son général et que s'il avait de moi autant de gigots que de wagon-écurie, il pourrait se préparer à manger du biscuit et à faire la campagne à pied! — C'est ce que je vais faire, moi. Le *bon* général R... me refuse un cheval, c'est son droit rigoureux, mais *il me refuse même le droit d'en acheter un à la remonte!* L'intendant divisionnaire m'a donné une carriole couverte traînée par un cheval de labour. Elle servira pour mes cantines, pour mon ordonnance et pour les éclopés. Quant à moi, je marcherai comme les soldats, dont je veux partager les fatigues et les privations.

Le résultat de ma première entrevue avec le général de division a été de nous inspirer une antipathie réciproque. Là où il croyait trouver un serviteur, il a rencontré un homme déterminé à faire respecter son rang, ses prérogatives et son caractère, et à lui tenir tête énergiquement. Je ne suis pas l'homme qu'il faut au général, mais je déclare bien haut que le général n'est pas celui qu'il nous faut.

5 janvier. — La moitié de la division est partie ce matin pour Baume-les-Dames par le chemin de fer. La seconde moitié part avec nous à deux heures. J'aperçois dans le train le fameux wagon-écurie, et le général ne m'adresse à cet égard au-

cun remerciement, comme il est permis de le croire. Les troupes ont reçu ce matin quatre jours de vivres, qu'elles portent sur le sac. Des six jours que je dois emporter, je n'ai pas la moindre nouvelle. Il est probable que nous séjournerons un peu à Baume, car la division qui devait former l'extrême droite de l'armée se trouve maintenant en réserve derrière le 15ᵉ corps, qui longe le Doubs et qui est déjà parvenu à Clerval. Le 24ᵉ corps est donc à la gauche du 15ᵉ corps; la première division à Baume, la deuxième à Montbozon, avec le quartier-général, la troisième à Villers-Grelot. Le 20ᵉ corps est à la gauche du 24ᵉ, le long de l'Oignon, le 18ᵉ enfin donne la main à la division Cremer, qui marche directement sur Vesoul. Le 15ᵉ corps et notre division formeront donc le pivot, tandis que toute l'armée se rabattra de la gauche sur la droite, à la hauteur de Belfort. C'est sur l'Oignon que seront tirés les premiers coups de canon si l'ennemi se décide à faire tête. Il n'y paraît pas disposé quant à présent, et se retire partout devant nous en évitant tout engagement. Il se replie même avec une précipitation si marquée, que cette manœuvre doit cacher quelque piége. C'est affaire à nos généraux de le découvrir.

J'ai vu, en arrivant à Baume, un sous-officier des Vengeurs de la Mort, corps-franc d'environ douze cents hommes, cavalerie, infanterie et artillerie, qui avait traversé Besançon à la fin de décembre pour se diriger sur Belfort en longeant la frontière suisse. Nous avions tous ri des costumes extravagants des uhlans de ce corps, avec leurs uniformes noirs et blancs, bordés de cygne, et leurs têtes de mort sur le shapska : mais nous avions admiré leurs armes et leurs mitrailleuses. Le colonel, un Polonais, était un beau garçon à la grande barbe blonde. Le sergent m'apprend, en pleurant de rage, qu'ils ont été attaqués à Abévillers, que le colonel s'est enfui avec la caisse, et que tout le corps, après une résistance insignifiante, a passé en Suisse. Depuis deux mois ces bravaches emplissaient Lyon du bruit de leurs futurs exploits. Au premier coup de fusil, le chef, qui est un fripon, vole la solde, c'est-à-dire cent cinquante mille francs, et les soldats se sauvent. Le sergent n'a vraiment pas tort de pleurer.

A Baume, la neige est plus abondante, mais le froid tend à diminuer un peu, et il est probable que le dégel va compliquer notre situation. La division est logée chez l'habitant, et la petite ville regorge. Ma bonne étoile me conduit chez le receveur des finances, presqu'en face de la gare, à portée de recevoir mes vivres et de surveiller leur chargement.

6 janvier. — Les vivres que l'on a promis de m'envoyer ne sont pas arrivés encore. J'envoie à Besançon dépêche sur dépêche et personne ne

répond. L'intendant en chef du 24e corps me prescrit de demander à l'autorité civile cent cinquante voitures de réquisition qui devront être prêtes demain au plus tard, car la division peut être appelée à marcher. Il m'annonce l'envoi prochain d'un détachement du train pour encadrer les conducteurs de ces voitures. En attendant, je dois demander au général deux sous-officiers, dont l'un tiendra le contrôle des attelages, quatre caporaux et vingt hommes, de manière à mettre un soldat surveillant par dix voitures, un caporal par division de cinquante et quelques disponibles. Ordre de faire disposer immédiatement la gare, les hospices, les écoles, pour y recevoir un grand nombre de blessés. Or, je suis seul, absolument seul pour faire tout cela aujourd'hui. C'est à en perdre la tête. Le maire, le sous-préfet auxquels je m'adresse pour avoir cent cinquante voitures, me répondent qu'il n'y en a plus une seule dans un rayon de quatre à cinq lieues. autour de Baume. Tout a été requis et dirigé sur Besançon, où on l'a oublié apparemment. Ils m'affirment que, quoi que je fasse, je n'en pourrai trouver une seule. Voilà pour les voitures. Quant aux hommes d'escorte que je vais demander au général, en lui exhibant la lettre de l'intendant en chef, il me répond par un refus catégorique, et déclare qu'il ne me donnera pas même un cavalier pour porter mes dépêches au quartier-général. Voilà pour l'escorte. Quant aux locaux pour les blessés, ils sont déjà encombrés de malades, couchés sur les planchers, car non-seulement il n'y a *pas un seul lit*, mais pas même *une seule botte de paille!* Voilà pour les ambulances!!!

Sur ces entrefaites, il m'arrive un officier d'administration de deuxième classe et un officier comptable des subsistances, trois médecins et un pharmacien. J'envoie les médecins dans tous les locaux occupés par les malades et je leur donne ordre de requérir un train pour diriger sur Besançon ceux qui sont transportables. Je fais venir les bouchers de la ville, et je passe marché avec eux, en soldant par des bons, puisque le comptable m'est arrivé sans argent, pour avoir des bœufs le lendemain matin, coûte que coûte. Il est neuf heures du soir quand j'ai fini, et je n'ai encore obtenu aucun résultat.

7 janvier. — Comme j'ai encore télégraphié à Besançon pour savoir ce que devenaient mes vivres, l'intendant général me répond : « Il y a en gare de Baume cent cinquante mille rations. On augmentera le nombre s'il le faut. Pour Dieu, prenez et laissez-moi tranquille! » *(sic)*. Je me décide à envoyer des gendarmes et des mobilisés dans toutes les communes, et ils devront m'amener, de gré ou de force, le peu de chevaux et de voitures qu'ils rencontreront.

La division reçoit l'ordre de se mettre en marche demain matin. Il n'y a plus à hésiter ni à reculer devant les mesures extrêmes et que la nécessité justifie. Vingt-deux voitures du grand quartier-général viennent d'arriver à Baume; il y a dans le nombre dcs prolonges à quatre chevaux. Je signifie au conducteur de ce convoi qu'il ait à transporter son matériel à la gare et que je le prends pour le service de ma division. Je réunis mes infirmiers et nous nous mettons tous à la besogne; il n'y a plus de grade, plus d'hiérarchie. Nous chargeons nos voitures conquises sous des torrents de pluie; cette opération, commencée à sept heures du soir, est terminée à cinq heures du matin. Immédiatement après, je distribue aux différents corps quatre jours de vivres de campagne, et enfin, au moment où la division se met en marche, elle est suivie de mon convoi en bon ordre, avec une quantité suffisante de vivres, car ces vingt-deux voitures contiennent autant que cent des voitures du pays. Je viens de faire un rude apprentissage de mon nouveau métier. J'ai fait le manœuvre pendant toute une nuit, sous une pluie glacée qui m'a transpercé. Je le faisais avec rage, passant des caisses de biscuit aux tonnes de lard, des balles de café aux sacs de riz, harcelant tout mon monde, distribuant des menaces ou des encouragements. Mes deux officiers d'administration, vieillis sous le harnais, m'ont déclaré qu'ils ne s'étaient jamais vus à pareille fête.

8 janvier.—Les gendarmes et les mobilisés m'ont ramené 40 voitures. Je reste à Baume pour en surveiller le chargement. La gare est une tour de Babel. Les convois des quatre corps d'armée y arrivent ensemble en ravitaillement : la cour, les routes sont encombrés de 600 voitures sur trois files. On s'arrache les vivres. Les voituriers ne reconnaissent plus leurs attelages, les intendants ne reconnaissent plus leurs convois. Un bon nombre de paysans profitent de la bagarre pour dételer leur chevaux et disparaissent, faisant le sacrifice de leurs voitures. « Et, m'écrit l'intendant en chef, ne vous contentez plus de 150 voitures ! Prenez en tant que vous pourrez ! » Des voitures, il n'en manque plus, mais nous ne pouvons les traîner nous-mêmes. Je ne suis pas étonné que ces pauvres diables nous quittent. On ne leur donne ni fourrage, ni avoine, ni argent. Ils couchent en plein air, et souffrent mille fois plus que les soldats. La pluie tombe toujours et délaie la neige : on marche jusqu'aux genoux dans une boue liquide. C'est l'image du chaos.

Il m'a fallu la journée entière pour charger 28 voitures à la comtoise. Je les fais partir à onze heures du soir, sous la direction de mon officier comptable.

9 janvier.—On a terminé à une heure du matin le chargement des douze voitures qui me restent : je peux prendre alors un peu de repos dont j'ai

grand besoin ; je ne me suis ni couché ni assis depuis la veille au matin.

Je quitte Baume à midi, escorté par onze chasseurs à pied, dont deux sergents, qui arrivent de Lyon pour rejoindre le 18e corps, et que je me suis adjugés jusqu'à nouvel ordre. Quatre mobilisés conduisent un petit troupeau de bœufs que j'ai réussi à acheter. Mes douze voitures de vivres et ma charrette conduite par un mobilisé ferment la marche. Le temps est redevenu tout-à-coup clair et froid. Les routes sont tellement glissantes que la marche est très-pénible. En sortant de Baume, la route décrit quelques sinuosités rapides et débouche sur le plateau par un défilé que les mobilisés et la garde nationale de Baume ont victorieusement défendu contre les Prussiens quelque temps auparavant. Il est de fait que la position est magnifique, et que l'artillerie prussienne n'y pouvait rien cette fois. Un de nos voituriers a été témoin du combat et m'a dit qu'après l'action on voyait sur la neige de larges traces de sang. Une ferme qui se trouvait dans la direction de l'ennemi, porte encore de nombreuses traces de balles. Ce jour-là, les Prussiens sont retournés jusqu'à Rougemont en plein désordre, et ils n'avaient pas plus de 60 hommes devant eux.

Nous quittons à Romain la route de Baume à Rougemont, et nous gravissons par un chemin à peine frayé dans la neige, des pentes très-escarpées qui nous conduisent à Fontenelles. Deux cuirassiers arrêtés à Romain, nous disent qu'on se bat à Villersexel. A mesure que nous avançons avec de grandes difficultés, le bruit du canon devient de plus en plus distinct. Nous rencontrons une de nos voitures de vivres abandonnée sur la route. Je quitte alors le convoi dont la marche est trop lente au gré de mon inquiétude, je prends les devants avec mon officier d'administration. La canonnade est très-violente, la fusillade retentit avec intensité. Quoique la nuit arrive, elle n'arrête pas la lutte qui paraît très-vive. Je distingue le feu des décharges ; la fumée, chassée par le vent, arrive jusqu'à nous et nous enveloppe par moments. Il me semble que le bruit se rapproche; dans ce cas nous serions vaincus, et, comme on me laisse sans ordres, il faut continuer et aller en avant quand même. C'est pourquoi je préfère précéder mon convoi pour que, lui du moins, ne tombe pas au pouvoir de l'ennemi.

Nous arrivons enfin à Fontenelles, petit village à 14 kilomètres de Baume, où m'attendait mon officier comptable des subsistances avec le convoi dont il a pris la direction. Il m'apprend qu'au lieu d'y séjourner la division a reçu l'ordre de continuer sa marche sur Grammont, en toute hâte ; que l'ambulance et le premier convoi de vivres ont suivi, et qu'il m'est prescrit de la rejoindre sans retard. Des hauteurs du village nous essayons de percer du regard la nuit croissante, car c'est à Villersexel que l'on se bat, dans la vallée, à nos pieds. L'action a été chaude et les bruits les plus sinistres circulent parmi les paysans. Ils prétendent que nous sommes battus, que l'armée est en retraite et que l'ennemi arrive et débouche de la vallée. La lutte a cessé subitement, quelques coups de canon isolés rompent le silence à intervalles inégaux. Que se passe-t-il ? Le maire veut nous retenir jusqu'au jour, mais, quoi qu'il arrive, je suis déterminé à exécuter les ordres et à gagner Grammont. Un colonel d'état-major est venu m'enlever de force dix voitures de vivres pour le grand quartier-général, et il est urgent que nos bœufs parviennent aux troupes. Je me décide en conséquence à repartir le soir même. Il est onze heures quand nous quittons Fontenelles. A peine avons-nous gagné la plaine que, dans une côte à descendre, les chevaux s'abattent, deux voitures se mettent en travers et versent dans un ravin avec tout leur chargement. Il faut s'arrêter, remonter à force de bras les voitures sur la route, les recharger : un cheval a été tué sur le coup. Il n'y a pas d'autre moyen de sortir de ce mauvais pas que de dételer chaque voiture et de la conduire à bras jusqu'au bas de la côte. Il nous faut une heure pour faire le premier kilomètre ; le froid est très-intense, nous sommes dans la neige jusqu'aux genoux, et nous avons 7 kilomètres à parcourir. Ici, nos charretiers refusent d'aller plus loin, en prétendant que l'on distingue au loin, sur la neige, des lignes noires qui avancent sur nous, et que ce sont les Prussiens. Je prends ma carabine, un sergent de chasseurs à pied m'accompagne, et nous voilà partis en reconnaissance au travers de la plaine. Les prétendus ennemis ne sont qu'une ligne de saules. Je reviens au convoi que je remets en marche, et par des chemins détournés, pour ne pas trop approcher de Villers-Séxel, nous arrivons à Bournois à quatre heures du matin. Nous marchons au canon qui gronde de nouveau sans relâche depuis minuit. Cette dernière partie du voyage est très-émouvante. Je précède d'un kilomètre mon convoi, avec mes onze chasseurs à pied, tous le fusil au poing, le doigt sur la détente, l'œil et l'oreille aux aguets. La reprise du combat au milieu de la nuit ne présage rien de bon pour nous. Bournois est à 5 kilomètres de Villers-Séxel et à 2 kilomètres seulement de Grammont, mais mes attelages sont épuisés, et il est impossible d'aller plus loin sans quelques heures de repos. Deux escadrons du 2e régiment de lanciers occupent le village. Il n'y a pas un lit, pas une place pour nous, qui sommes bien fatigués pourtant. A force de frapper à la porte du maire, quelqu'un se décide à m'ouvrir, c'est le colonel de lanciers dans le plus simple costume. Si pourtant nous étions une reconnaissance ennemie, nous aurions pu enlever les deux escadrons sans coup férir. Et il ne faut pas oublier que l'on se bat à une lieue d'ici.

Le maire ne peut m'offrir qu'un fauteuil dans

sa cuisine, mais un soldat d'infanterie de ligne étendu sur un matelas devant le poële, se soulève et me cède la moitié de son lit. Je ne me le fais pas dire deux fois et je m'étends à coté du lignard qui se plaint et m'empêche de dormir. Au bout d'une heure, impatienté de ses soubresauts et de ses gémissements, je lui demande ce qu'il a : Il se retourne et découvre sa figure ; le malheureux a la petite vérole ! — J'aime mieux aller finir la nuit dans la rue, et j'y vais quand un de mes chasseurs qui me cherche me conduit chez l'adjoint, un des pauvres paysans de ce pauvre village. Le bonhomme et sa femme me cèdent leur lit : leur chambre est au-dessus de l'étable aux vaches, dont les émanations réchauffent l'atmosphère et l'embaument à la fois. Un lancier, qui dort comme une marmotte, est étendu sur une table, roulé dans un manteau. Le lit, commun à tous les paysans du Doubs, n'a qu'un drap, celui sur lequel on se couche : les couvertures et le second drap sont remplacés par un immense édredon, de toute la grandeur du lit, auquel est attachée, en dessous, une pièce de toile que l'on renouvelle quand elle est devenue absolument noire : Je crois que celle-ci devait l'être le jour même ; le lit était tout chaud ! Je m'y jette à corps perdu, en fermant les yeux, et sans quitter mes bottes ni ma tunique, et je m'engloutis dans l'édredon en essayant de me persuader que je suis dans un lit bien blanc.

Mais, propre ou non, ce système de couchage est détestable, il entretient une chaleur malsaine que l'on ne peut éviter, sous peine de se découvrir entièrement. Il faut geler ou étouffer, et j'étouffais en conscience, quand à l'aube, on est venu me reveiller. J'avais dormi une heure à peine.

10 janvier. — Je descends à Villersexel pour y recueillir quelques détails sur le combat, car j'ai envoyé cette nuit un paysan au général, à Grammont, et le général m'a répondu qu'il allait à Courchaton avec la division, mais que j'attendisse des ordres pour le rejoindre.

Villersexel est sur la rive gauche de l'Oignon. C'est le point qu'il s'agissait d'emporter. On évalue à une dizaine de mille hommes les forces de l'ennemi, qui a résisté avec opiniâtreté, quoique la position n'eut pour lui aucune importance, puisqu'il était débordé des deux côtés. Mais il suit un plan bien arrêté, et s'il commence par nous disputer chaudement le terrain, c'est qu'il n'a pas encore eu tout le temps de prendre ses dispositions pour nous recevoir sous Belfort.

Notre artillerie, déployée sur la rive droite de l'Oignon, a couvert de projectiles ce malheureux bourg et y a allumé plusieurs incendies. Les mobiles de la Corse ont été lancés à la baïonnette, mais ils ont fait preuve de la plus grande faiblesse. Leur commandant s'est fait tuer.

Les mobiles de la Savoie ont donné, mais sans succès, et leur commandant, le marquis Costa de Beauregard, a été blessé. L'artillerie a dirigé aussi son feu sur le beau château du marquis de Grammont, dans le parc duquel les Prussiens avaient établi une batterie, et l'a incendié totalement. On se demande si ce cruel sacrifice était bien nécessaire, et la suite a prouvé que non. Une nouvelle attaque de nuit a eu lieu à onze heures du soir. C'est celle dont nous entendions le bruit en marchant sur Bournois, et celle-ci a eu un plein succès. On dit que ce sont des régiments d'infanterie de marine qui ont enlevé le village, maison à maison, en faisant un véritable massacre des Prussiens. On se battait au milieu des flammes. L'ennemi s'est mis en retraite avant le jour.

L'aspect de Villersexel est lamentable. On marche sur des cadavres à moitié carbonisés : une horrible odeur de chair brûlée saisit à la gorge. Beaucoup de maisons sont détruites ou brûlées. Du château il ne reste que les murailles. Dans ce qui fut l'escalier, une tapisserie intacte est restée accrochée au mur, par une sorte d'ironie. Les Prussiens y étaient retranchés au nombre de 500. Des paysans me disent que ce sont eux qui ont incendié le château et non pas nous. Ils y sont tous restés. La marquise de Grammont a dû s'enfuir la nuit, à pied, dans la neige. Les habitants de Villersexel n'oublieront pas de longtemps cette journée et cette nuit d'horreur.

Je suis revenu a Bournois par Grammont, et j'ai gravi la montagne de Grammont, qui se dresse, isolée, à une hauteur de 524 mètres. Une statue de la vierge et un petit monument couronnent cette montagne, de laquelle on doit découvrir un magnifique horizon quand le temps est serein. De là j'entends distinctement une canonnade assez vive sur la droite de Grammont, dans la direction d'Arcey, où l'ennemi a un camp retranché que l'on dit formidable, et dont l'on fait beaucoup d'apparat. Par moments même, cette canonnade semble se rapprocher. Au loin les grosses pièces du siège de Belfort forment la base de ce concert grandiose. La route qui contourne la base de la montagne est couverte d'une grande quantité de troupes qui passent sans discontinuer et marchent au canon. J'ai trouvé à Grammont mon ambulance et mon premier convoi, sous la garde d'une compagnie de la mobile du Haut-Rhin. En revenant, je croise le général Boëriau et sa brigade de dragons, qui me disent que l'on attaque en ce moment le camp d'Arcey, vers lequel ils se dirigent au grand trot, malgré la neige et la glace. Les lanciers qui étaient à Bournois sont partis aussi; nous restons seuls dans le village, où je m'occupe de faire charger sur des voitures vides des malades, pour la plupart atteints de la petite vérole, et des blessés de la nuit, et je les diiige sur Baume. Le brave curé m'a offert son presbytère et je m'y installe avec mes officiers. A peine avons-nous préparé notre installation pour la nuit, qu'un dragon m'apporte l'ordre écrit de me rendre à Courchaton avec tout mon personnel et tout mon matériel. Consternation générale ! Nous avions de si bons lits et des draps si blancs ! Enfin il faut se résigner, quoique la journée d'hier et la nuit aient été employées à marcher sans relâche, et quoique la journée d'aujourd'hui ait été non moins fatigante. Nous sommes obligés de parcourir tout le village et d'aller dans chaque maison secouer les dormeurs et stimuler leur bonne volonté qui tend à disparaître de plus en plus. A une heure du matin le convoi se met en marche.

11 janvier. — Le convoi est obligé de faire un grand détour pour rejoindre Grammont. Je me rends seul, à ce village, où je parviens, après avoir franchi le corps d'un beau cheval qui se meurt et qui frappe la terre durcie du chemin avec un mouvement convulsif et une sourde plainte qui me font doubler le pas. Nos mobiles du Haut-Rhin bivouaquent autour de grands feux. Avec leurs capotes sombres et leur dialecte on les prendrait pour l'ennemi. J'ai bien de la peine à réveiller tout le monde, et il est

quatre heures du matin quand j'arrive à Courchaton. Ce petit village regorge de troupes et il ne faut pas songer à se loger. J'entre dans une auberge et j'avise un billard sur lequel je m'étends pour attendre le jour. Un de mes voisins, qui dormait sur une chaise, vient à moi, et je reconnais M. A.... constructeur de chemins de fer dans les Vosges, devenu intendant militaire de 3e classe et nommé huit jours avant moi. Il m'exhibe des lettres de service qui le désignent comme chef de service à la 1re division et me prescrivent de servir sous ses ordres. Mon premier mouvement de dégoût a été tel que j'ai voulu me démettre immédiatement de mes fonctions. Voila la récompense de tant de peines et de soucis. C'est le général qui me vaut cela. Il a pris sa revanche des gigots qu'il n'a pas eus et du wagon-écurie que j'ai refusé de commander. Il a trouvé mauvais que je ne fusse pas toujours à ses côtés, alors que, me refusant une escorte pour mes convois, j'étais obligé de les diriger moi-même, qu'en lui parlant, je l'aie quelquefois appelé « général » au lieu de dire « mon général », qu'après l'avoir salué je n'aie pas toujours gardé ma casquette à la main au lieu de la remettre sur ma tête, enfin que j'aie aussi continué de fumer mon cigare! (*textuel*). Il lui faut un valet et non pas un intendant, et avec M. A.... il a trouvé l'homme qu'il cherchait. C'est un officier de l'état-major qui me raconte tout cela, et je suis tellement indigné qu'il a beaucoup de peine à me calmer. Je veux aller chez le général, sur le champ. Il me fait entendre raison, et je me décide à faire le sacrifice de mon légitime amour-propre. Je resterai jusqu'à nouvel ordre. Je boirai le calice jusqu'à la lie; j'ai voulu servir mon pays et je le servirai, mais je suis profondement découragé. Je signifie donc à mon collègue A.... que je continuerai mon service, mais que je prétends m'y renfermer strictement, que j'accepterai toutes les corvées, hormis une seule : « celle de voir le général chez lequel je ne mettrai plus les pieds. »

Mon convoi n'arrive qu'à trois heures! il a mis quatorze heures pour faire deux lieues! Il lui a fallu laisser défiler toute l'artillerie; plusieurs voitures sont brisées, beaucoup de chevaux sont blessés. Voilà de ces difficultés que M. le général ne comprend pas et ne veut pas admettre, lui qui n'est occupé qu'à arriver le premier, à choisir la meilleure maison, une chambre bien chaude, un bon lit, un bon diner, et qui défend impérieusement qu'on trouble son sommeil. Mais ce que je dis de celui-ci peut, malheureusement, s'appliquer à bien d'autres. Morgue, dureté, égoïsme, injustice et incapacité, voilà, hélas! le bilan trop exact de nos généraux improvisés. J'en ai fait l'expérience personnelle auprès du général en chef qui m'a appelé aujourd'hui même pour une affaire de service, et qui a maltraité devant moi de vieux officiers qui avaient le double de son âge. J'en rougissais pour lui. Quant à moi, il s'est contenté de me traiter avec la familiarité qu'il doit montrer à son brosseur. Comme il m'appelait toujours « mon ami », je me suis retourné et j'ai cherché autour de moi, il m'a demandé pourquoi, et je lui ai répondu que n'ayant pas l'honneur d'être de ses amis, je cherchais à qui il s'adressait. Ceci a terminé la conférence. Le plus vieil officier, un chef de bataillon, m'a serré la main en sortant, sans me rien dire, mais son geste parlait pour lui. Je les avais vengés. — On a bien crié contre les généraux de l'Empire, il n'y a pas d'accusations qu'on ne leur ait déjà jetées à la face et qu'on ne leur jettera par la suite ; mais j'espère de toute mon âme que le tour des généraux de la Défense nationale viendra, et que l'histoire impartiale les accommodera comme ils méritent de l'être.

Nos convois sont campés dans une prairie ; mon officier d'administration vient me chercher tout effaré, en s'écriant que les mobiles pillent les vivres ! Ils ne savent faire que cela, les malheureux, piller et rester en arrière. Je cours au campement, et je trouve une voiture de pain entièrement vide. Elle a été littéralement chargée à la baïonnette, car les moblots se servaient de leurs baïonnettes pour embrocher les pains et détaler au plus vite. J'en arrête trois moi-même, et je les remets, pour l'exemple, au prévôt de la division. Les autres, effrayés, se décident à rendre gorge. Sur ces entrefaites, l'ordre arrive de faire aux troupes une distribution de quatre jours de vivres, qui n'est terminée que fort avant dans la soirée. La division doit marcher demain sur Arcey que l'on n'a décidément pas encore attaqué. Les feux de bivouac brillent de toutes parts dans la nuit, les troupes font la soupe. C'est un coup-d'œil très pittoresque; mais l'intérêt de ce spectacle est troublé par des vociférations, des disputes qui éclatent partout. L'indiscipline est à l'ordre du jour. Les troupes régulières tiennent bon, et leur conduite forme un contraste singulier avec la garde mobile que j'ai en profonde aversion. Chez eux ce ne sont que des plaintes, des querelles, et une mauvaise volonté qui frise la couardise. Les offciers n'ont aucune autorité sur leurs hommes. Quelle armée, mon Dieu! et comme les Prussiens y mettront de la bonne volonté s'ils se laissent battre par nous.

Un maréchal-des-logis d'artillerie du Doubs m'a découvert un logement chez un vieux paysan. La batterie à laquelle il appartient, et qui est superbe de discipline et de bonne tenue, est restée à cheval sur la place, les pièces attelées, depuis midi jusqu'à neuf heures du soir. Hommes et chevaux n'ont rien mangé de toute la journée. Ce n'est qu'à neuf heures du soir, quand les généraux ont diné, que l'on songe à leur donner contre-ordre.

12 janvier. — En vérité, la vue d'un bivouac est plus pittoresque à la lueur des foyers qu'au grand jour. La neige pétrie par les chevaux et les caissons, n'est plus qu'une boue jaunâtre dans laquelle on enfonce jusqu'aux genoux. On a tué, un peu partout, des bœufs pour donner une ration de viande fraiche aux troupes : ce ne sont de tous cotés que de grandes mares de sang caillé, des peaux sanglantes, des intestins et aussi des immondices de toute sorte. Pour arriver jusqu'à la mairie où l'intendance fonctionne, il faut traverser un véritable charnier. La division se met en marche à dix heures et va coucher à Onans. Nous la suivons à trois heures et nous arrivons à Geney qu'occupe le 15e corps, ce qui équivaut à dire qu'il n'y a plus de place pour aucun de nous. Tout le convoi, toute l'ambulance, bêtes et gens, bivouaque à l'entrée du village. A force de recherches, nous découvrons une cuisine où nous faisons la popote sans pain, car il n'y a plus que du biscuit. Après ce souper frugal, chacun s'accommode pour dormir, qui sur des brancards à blessés que le comptable de l'ambulance a fait retirer des fourgons, qui roulé dans une couverture. On m'a découvert un lit dans la maison qu'occupe le général de

brigade Boëriau et dans une chambre où couchent déjà trois officiers de l'état-major. Je fais le quatrième. Il gèle à pierre fendre et le froid est tellement piquant qu'il nous tient éveillés. Il règne d'ailleurs une certaine inquiétude ici. On entend toujours le canon de Belfort, mais aussi sur notre droite et à une faible distance, une fusillade bien nourrie. Les propriétaires de la maison viennent nous dire, tout effarés, que les Prussiens arrivent. Un de mes camarades de chambre se lève et va aux renseignements. Il revient nous dire qu'on se bat dans la direction de Montbéliard, à quelques kilomètres, mais que nous sommes couverts par une partie du 15e corps. Pendant la nuit, on m'apporte l'ordre de rejoindre la division à Onans, au jour, car il faut être à notre poste de combat. L'attaque d'Arcey doit commencer à dix heures et demie.

13 janvier. — Départ pour Onans, qui n'est qu'à trois kilomètres, avec toute la réserve d'artillerie, à sept heures. Le temps est magnifique. La neige resplendit sous un soleil étincelant. Chemin faisant, nous voyons deux chevaux tués et à moitié dépecés par nos soldats. Ce sont les chevaux de deux uhlans venus en reconnaissance l'avant-veille, et sur lesquels la garde nationale de Geney a fait feu. Les hommes ont été blessés, me dit-on, mais ont réussi à se jeter dans les bois et à s'échapper. En arrivant à Onans nous

y trouvons une animation extraordinaire. Les ambulances s'établissent dans le village où les locaux sont disposés pour recevoir les blessés. Les mulets de cacolet et de litière sont rangés sur la route, tenus en mains par les infirmiers. Toute l'armée est dans ses positions de bataille. Notre division, rangée au-dessous des bois, est en réserve, à droite du village. Ses longues lignes tranchent sur la blancheur de la neige. L'artillerie de la réserve gravit la côte et se place à 600 mètres en arrière des batteries qui vont combattre, à l'abri d'un pli de terrain. Onans est dans un entonnoir. La route qui conduit à Arcey monte en droite ligne sur le plateau couronné de bois, mais elle quitte leur abri et descend par une pente douce pendant deux kilomètres jusqu'à Arcey. Je fais étendre sur cette côte un lit de fumier pour rendre plus sûre et plus prompte la circulation de nos mulets et des voitures d'ambulance. Le moment est solennel, car on s'attend à une lutte aussi vive qu'à Villersexel. Comme nous n'avons pas d'espions, on ne sait à combien de forces on va avoir affaire. Enfin, à dix heures et quart une fumée blanche couronne la hauteur et un coup de canon retentit. C'est le signal. Le feu s'engage sur toute la ligne. Comme j'ai terminé tous mes préparatifs, je gravis la côte à mon tour, je dépasse la réserve d'artillerie, et je vais me placer dans les batteries. Nous avons quatre-vingts pièces en ligne, aussi correctement alignées que s'il s'agissait d'un simple exercice à feu. Le sommet du plateau décrivant un arc de cercle, les pièces forment un demi-cercle ; elles sont à découvert, en avant des bois, et leurs feux convergent sur Arcey. Ce village est bordé à droite et à gauche de bois et s'appuie sur un autre bois, On distingue très nettement, avec une longue-vue, des levées en terre en avant du village, une barricade à l'entrée du village et un grand mouvement de troupes dans l'intérieur. Les batteries prussiennes sont établies dans les bois, d'où elles répondent, mais très-mollement. Plusieurs obus passent au-dessus de nous et éclatent en arrière sans toucher personne. A droite et à gauche de notre ligne de bataille, à Sainte-Marie et à Crevans, l'action est très-chaude. On entend le canon dans ces deux directions, mais surtout une fusillade très-violente. Après une heure de canonnade, on rattèle les pièces et on les porte hardiment en avant, à 5 ou 600 métres encore plus à découvert. Je suis le mouvement ; les colonnes d'attaque s'ébranlent. Deux régiments d'infanterie de marine suivent la route en colonne et se déploient en tirailleurs. La fusillade s'engage, mais nos soldats gagnent du terrain. Il faut même suspendre le tir de l'artillerie. A une heure, enfin, nos soldats abordent le village, d'où l'ennemi s'enfuit aussitôt sans résister. Nous le voyons s'enfoncer dans les bois, à travers champs, et disparaître. Ma division occupe aussitôt Arcey. Nous avons eu trois blessés en tout, et l'on dit que les Prussiens n'ont perdu que cinq ou six hommes, dont un capitaine qui a eu les deux jambes emportées.

Je redescends à Onans en même temps que le général Bourbaki, qui va y établir son quartier-général. La journée a encore été pour nous. Des cavaliers amènent des prisonniers faits à Sainte-Marie. Ils appartiennent à l'armée de ligne prussienne : Crevans, sur la gauche, a été emporté par la 3ᵉ division du 24ᵉ corps, dont le général Carré de Busserolles s'est bravement comporté. Pour donner l'exemple à ses jeunes soldats, il est entré le premier dans le village, l'épée à la main. Là et à Sainte-Marie il y a eu un certain nombre de blessés et de morts, mais l'ennemi est en pleine retraite sur tous les points. La seule faute commise a été le gaspillage inutile des munitions de l'artillerie, qui tirait 20 coups contre les Prussiens un. Onans est à peu près désert et nous y trouvons à nous loger facilement. L'espérance revient à tout le monde.

14 janvier. — Je rejoins à midi la division à Arcey. Le village n'a pas souffert de notre tir. Deux ou trois maisons ont été atteintes, mais la grande rue est sillonnée par nos obus qui ont fait de grands trous dans la terre gelée. Nos artilleurs ont tiré avec beaucoup de précision. Les fameux retranchements dont on faisait tant de bruit, con-

sistent en un fossé et un parapet pour abriter une ligne de tirailleurs, et une barricade en planches à l'entrée du village. La position n'était pas défendable. Nous avions d'abord l'avantage du terrain et du nombre, dix fois supérieur à celui de l'ennemi. La maison qui nous est dévolue était occupée la veille encore par des officiers prussiens qui étaient là depuis un mois. Nos ordonnances ont fort à faire pour y rétablir un peu d'ordre et de propreté.

Pendant ce temps, mon collègue A.... fait faire les distributions aux troupes, car c'est encore une des inqualifiables exigences du général. Il exige qu'un intendant préside lui-même à la distribution, ce qui est absolument contraire à tous les usages et à tous les règlements. A.... s'empresse d'obéir à ces ridicules prétentions, tandis que je m'y serais refusé très-nettement. Pendant ce temps, je reçois les blessés d'Arcey et de Cravans, et je les installe un peu partout. Prussiens et Français sont confondus. Nos médecins donnent indistinctement leurs soins à tous. Quelques-uns sont gravement atteints. Un moblot, blessé à la tête, meurt à mes pieds entre deux Prussiens qui ne valent guère mieux que lui : Je commence à être familiarisé avec cet horrible spectacle qui ne m'inspire plus qu'un sentiment de profonde pitié pour ces malheureux. La paille sur laquelle on les étend est bientôt rouge. L'âcre odeur du sang nous prend à la gorge. Les Prussiens sont stoïques, ne se plaignent pas et répondent posément et poliment à toutes nos questions. Nos mobiles pleurent, et ceux qui geignent le plus fort sont les moins blessés. Un mobile est mourant, et sa respiration de plus en plus rauque et précipitée, attire sur ses lèvres un brin de paille qui s'y attache. Un Prussien, frappé d'une balle dans le ventre, qui est couché à côté de lui, étend le bras et enlève doucement ce brin de paille. Je lui ai serré la main et il m'a souri.... il a dix-huit ans, me dit-il, il est de Kœnigsberg, et il espère revoir le pays. Pauvre diable ! peut-être ne verra-t-il pas le soleil de demain.

Les troupes continuent à défiler sur Héricourt. On se bat dans cette direction. Une ambulance ennemie faite prisonnière défile devant nous. Les mobiles qui l'ont prise, et qui sont tout étonnés de leur succès, ont changé de coiffures avec les Prussiens. Le médecin, un grand et gros homme, nous salue poliment au passage. On les emmène vers Besançon, paraît-il. La nuit est arrivée, « entre temps » comme disent les Belges, et il s'agit d'organiser notre couchage. Tout le personnel de l'intendance et de l'ambulance s'établit dans la même chambre. Les deux lits sont réservés pour mon collègue et pour moi. Nous nous mettons dessus tout habillés. Les autres, docteurs et officiers d'administration, s'étendent sur des brancards, sur des peaux de moutons, dans des couvertures. L'aspect de la chambre est d'autant plus pittoresque que chacun a adopté une coiffure différente. A côté de l'énorme A.... coiffé d'un madras rouge, dont les deux cornes menacent le plafond, on voit le long et fluet Z.... avec un gigantesque bonnet de coton, et ainsi de suite. C'est une vraie mascarade. Nous rions tellement que nous ne pouvons attraper le sommeil. D'ailleurs, A.... ronfle comme la trompette du jugement dernier et soulève des protestations indignées. Réveillé par un traversin que je lui lance à la tête, il déclare que s'il n'était pas couché sur le dos, il ne ronflerait pas; — « Couchez-vous sur le ventre alors! » — « Je ne puis dormir que sur le dos. » — Le médecin en chef, qui a un rhume chronique et une voix de rogomme, déclare que rien n'est plus malsain, et prédit à A.... une mort subite, parmi un ronflement. A ... se décide à se mettre sur le côté. Cinq minutes après, le docteur qui ne ronflait jamais, jamais, disait-il, le prenait sur un ton si aigu, que ses deux voisins, à la demande générale, retournaient brusquement son brancard. Nous n'avons guère dormi cette nuit-là!

15 janvier. — Mon collègue A.... est parti de bonne heure à la recherche du général. Il me laisse le soin de conduire le convoi à Issans. La bataille est, dit-on, vivement engagée par là-bas, et il est de fait qu'à peine sommes-nous sortis d'Arcey que le canon se fait entendre. Je ne puis comprendre le système de nos généraux, qui consiste

à avoir les convois aussi près des troupes. Un vieil intendant militaire qui avait fait la grande guerre, me disait que jamais les convois ne devaient, dans les marches, être plus près des troupes qu'une grande demie-étape, afin de pouvoir, en cas de retraite, prendre les devants et se maintenir à une étape en avant des troupes, que tout au moins devait-on s'appliquer à choisir pour les convois des routes parallèles à celles que suit l'armée. Or, nous sommes toujours sur les talons des troupes, parfois mêlés à elles, et à l'attaque d'Arcey, si l'ennemi avait eu le dessus, il fallait, où que notre artillerie, ou que tous les convois et les ambulances fussent pris, tel était l'encombrement dans Onans, à 300 mètres des pièces qui étaient engagées. Aujourd'hui c'est encore la même chose, Issans, où l'on nous envoie, est tellement près de l'action qu'en descendant dans le village je vois les réserves massées tout contre, et quelques obus, arrivant de l'autre côté de la colline qui domine le village, tombent auprès des maisons. Heureusement pour moi, je n'ai qu'à obéir.

Le temps est magnifique, mais il y a douze degrés de froid et la neige est très-épaisse. La route, battue par le passage des troupes, est tellement glissante que l'artillerie de réserve marchant derrière nous a toutes les peines du monde pour aller se mettre en ligne, comme on vient de le lui prescrire, La canonnade est effrayante. C'est un roulement continu, rompu parfois par le déchirement sinistre des mitrailleuses. A droite, vers Montbéliard, la fusillade retentit vigoureusement. Au loin on distingue dans la fumée plusieurs incendies. Les Prussiens ont déplacé leurs pièces de siége et les ont établies à Béthoncourt et à Héricourt. Ils ont mis 4 pièces de 24 au château de Montbéliard, et nous attendaient dans ces excellentes positions défensives. Le combat est engagé sur toute la ligne. Sauf à Montbéliard, c'est un combat d'artillerie. Nous ne savons rien, sinon que la réserve d'artillerie de pièces de 12, entre en ligne vers trois heures, ce qui est déjà de mauvais augure. A peine suis-je à Issans que les blessés arrivent. Ils appartiennent au 15e corps qui attaque Montbéliard. Ils prétendent que la ville est en feu, que les Prussiens la bombardent impitoyablement du haut du château, parce que les nôtres en sont maîtres. La mairie, transformée en ambulance, est déjà remplie de blessés. Nous nous installons chez un paysan, et je n'obtiens qu'un grabat, dans le grenier, sans feu. Jamais je n'ai souffert du froid à ce point.

16 janvier. — Vers neuf heures, le combat a recommencé sur toute la ligne avec autant de fureur qu'hier. Le quartier-général du 24e corps est à Reynans, avec la 2e division. La 3e division est à Laire. Le quartier-général de la 1re division est à Allondans, entre nous et Montbéliard et à cinq kilomètres de cette ville, et à un kilomètre d'Issans

où sont établis tous les services administratifs. Toutes les troupes du 24e corps bivouaquent en avant des villages que je viens de nommer, dans une ligne de bois couronnant les hauteurs qui bordent la petite vallée de la Luzène où se trouvent Béthoncourt et Héricourt. Elles sont donc en face de l'ennemi. Notre artillerie est adossée aux bois. Elle est engagée tout entière, mais nos troupes n'ont pas encore donné. A midi, je reçois l'ordre d'avancer avec les mulets de cacolets et de litières, et de rejoindre la division. Je pars aussitôt, mais nous sommes mal guidés et nous nous trouvons tout à coup sous le feu des Prussiens de Béthoncourt, et il faut renoncer à aller plus loin. Les obus balaient la neige autour de nous, et après avoir tenu conseil avec les médecins, nous nous décidons à rétrograder et à attendre la tombée de la nuit pour rejoindre les troupes.

De petits groupes de soldats sortent des bois, dans toutes les directions, marchant au hasard, en débandade. Je sens mon cœur se serrer. Ce sont les mobiles de la Haute-Savoie. Les uns s'en vont parce qu'ils sont blessés, les autres parce qu'ils lâchent pied. Je les interroge, et ils répondent que nous sommes battus, que leur bataillon et d'autres encore, ont été écrasés, qu'il y a beaucoup de morts, et qu'enfin on ne peut lutter plus longtemps. Je sais bien que ce sont là des renseignements d'hommes qui fuient, mais enfin, le défilé des blessés ne fait qu'augmenter, presque tous sont atteints par des balles. On s'est donc abordé de près, et, par le nombre des blessés, il n'est pas douteux que l'engagement n'ait été sérieux. Je ne sais plus où loger les blessés ; je suis obligé de faire décharger des voitures de vivres et de les emplir de ces malheureux que l'on dirige sur Baume par un froid excessif.

Le spectacle que présente l'ambulance est horrible. Nos médecins, les bras nus et rougis de sang, coupent bras et jambes : les membres amputés sont jetés à la porte en un tas. Le sang coule jusque dans la rue. Les patients poussent des cris lamentables. Il faut les coucher dans les voitures, aussitôt amputés, et les faire partir ainsi pour laisser la place aux autres qui arrivent toujours. Je n'ai jamais vu rien de plus effroyable. Qu'est-ce qu'un champ de bataille à côté de ces scènes d'horreur que je n'oublierai jamais? A huit heures, je rentre chez moi ; tout est fini, le canon s'est tu : je crois que je vais prendre un peu de repos, car je suis écrasé de fatigue, mais un dragon m'apporte l'ordre écrit d'aller distribuer des vivres à la division dans les bois, en face de Montbéliard. Il faut rallier le convoi et se mettre en marche. C'est à la ferme du Mont-Chevis, qui domine, à portée de canon, la ville et le château, qu'il m'est prescrit de m'arrêter et d'y attendre les corvées. J'y arrive à minuit. Après trois heures d'attente, les soldats paraissent enfin, mais en nombre insuffisant. Les officiers ne peuvent parvenir à réunir les hommes nécessaires pour emporter les rations. Il faut attendre encore.

Tout en présidant aux distributions, je me disais que nos lumières, trahissant notre présence, pourraient donner envie aux Prussiens du château de Montbéliard de troubler notre opération, ce qui, avec leurs pièces de gros calibre, leur serait bien facile. Au même moment, un coup de canon retentit, et j'entends la plainte sinistre d'un obus qui passe à côté de moi. Un maréchal-des-logis d'artillerie tombe avec les deux jambes emportées. C'est un sauve-qui-peut général. Les soldats disparaissent dans le bois comme par enchantement, les charretiers se couchent sous leurs voitures, et je reste là, seul, ne sachant que faire, tandis que les obus arrivent avec leur musique endiablée. A force de cris et de menaces, je parviens à décider mes paysans à se relever, et la terreur leur donnant une énergie inaccoutumée, nous rentrons dans le bois, laissant sur place les vivres distribués. Il est sept heures du matin quand je rentre à Issans après cette belle opération. Si les troupes étaient venues chercher leurs vivres à Issans, elles les auraient eus sans danger. Mais le général entend qu'on aille les distribuer sur place, et voilà le résultat de ses heureuses conceptions. On ne manquera pas comme toujours de tout rejeter sur l'intendance : c'est la tête de turc. L'armée ne peut s'en passer et elle la charge de toutes les fautes qu'elle commet elle-même. A-t-on jamais vu faire des distributions sous le feu de l'ennemi? Les soldats peuvent maintenant venir se plaindre qu'ils n'ont rien eu! Je les enverrai chercher ce qu'ils ont lâchement abandonné, nous laissant nous tirer d'embarras et recevoir les obus à leur place.

17 janvier. — Quelle journée, mon Dieu! — Je ne crois pas qu'il soit donné de jamais autant souffrir! Depuis trois jours que l'on se bat à trois kilomètres de nous, nous ne savions rien; aujourd'hui les nouvelles arrivent, et quelles nouvelles! Le 15e corps a pris Montbéliard avec beaucoup d'entrain, mais la garnison prussienne s'est jetée dans le château et a refusé de se rendre. Le général français qui dirigeait l'attaque était si bien renseigné qu'il a été tout étonné d'apprendre qu'il y eut un château à Montbéliard, et que ce château pouvait être défendu avec succès!! Les troupes se sont logées dans la ville, et l'on a hissé sur l'ancienne citadelle quelques pièces de quatre que les grosses pièces du château ont réduites au silence en peu de temps. Après quelques coups de fusil échangés avec la garnison du château, il a fallu évacuer Montbéliard et se retirer! Voilà pour la droite de l'armée. Tout le centre avait à enlever Béthoncourt et Héricourt où les forces prussiennes étaient concentrées; on a mis en batterie toute notre artillerie de 12, de 4, et même les obusiers de montagne, sans faire avancer les

troupes d'un pas. Après une journée et demie de canonnade furieuse, après avoir constaté que nos projectiles *n'atteignaient pas* les positions de l'ennemi, après avoir épuisé toutes les munitions, lorsqu'enfin il n'en restait plus pour appuyer les mouvements de l'infanterie, on a tenté une attaque à la baïonnette. On a emprunté le bataillon de chasseurs à pied de ma division, qui, avec un régiment de zouaves et les mobiles de la Haute-Savoie, a été lancé sur Béthoncourt. Il fallait déboucher des bois, traverser une prairie, passer à gué la Luzenne, gravir les talus du chemin de fer, tout cela à découvert, sans l'appui d'une seule pièce d'artillerie. L'ennemi a laissé nos soldats s'approcher de la rivière et les a écrasés sous une pluie de mitraille. Les mobiles ont fui, les zouaves et les chasseurs ont été écharpés. Ces derniers ont perdu en un instant sept officiers sur quatorze et plus de trois cents hommes. Il a fallu rentrer dans les bois. Il en a été de même à Héricourt, où les légions de marche du Rhône, qui s'étaient bien comportées en Bourgogne, ont fait preuve d'une faiblesse déplorable. Enfin, nous avons échoué sur toute la ligne. Le mot de retraite circule et paraît accueilli par la plupart comme le seul parti que l'on puisse prendre. Ainsi, une armée de cent mille hommes, avec une nombreuse artillerie, n'aura pu déloger quarante mille Prussiens déjà démoralisés, mais soutenus par une discipline de fer.

Vers midi, le canon a complètement cessé de se faire entendre, et les blessés affluent. Il y en a tellement que l'on ne peut suffire à les recevoir et à les évacuer sur Baume et sur Besançon. — Le général avait envoyé la veille, à onze heures du soir, un maréchal-des-logis de gendarmerie avec sa gourde, pour *qu'on la lui remplit de cognac.* Mon collègue, qui a mal au pied et qui garde le lit, me laissant tout faire, s'était levé pour répondre à cette incroyable demande, à pareille heure et dans de semblables moments. Voici que le même gendarme arrive de nouveau, et je m'apprête à le renvoyer les mains vides et avec l'expression de toute ma pensée, lorsqu'il me remet l'ordre d'aller encore une fois faire moi-même une distribution de vivres dans les bois, mais dans une autre direction, à six kilomètres d'ici. A... ne peut bouger, dit-il, il faut bien marcher. La pluie tombe à torrents, le dégel est arrivé et a rendu, par conséquent, les routes absolument impraticables. Je pars à cinq heures, et j'arrive à Reynans, à deux kilomètres, à sept heures. Il faut mettre moi-même la main à la pâte, comme on dit, relever les chevaux et pousser à la roue. En arrivant à Reynans, les deux chevaux de mon premier fourgon tombent; un d'eux est tué sur le coup et le fourgon verse. La route est absolument obstruée, la nuit tellement sombre que l'on ne peut voir ses mains, et la pluie redouble. Mon embarras est extrême. J'arrête un cavalier qui passe et je l'envoie prévenir les corvées que je les attends sans pouvoir aller plus loin. Celles-ci se sont égarées dans les bois, ont pris de fausses directions et paraissent à onze heures seulement, et comme toujours, en nombre insuffisant. J'ai envoyé chercher au village une lanterne, et à cette lumière douteuse il faut décharger les voitures, défoncer les tonneaux et distribuer. Pendant ce temps, les soldats disparaissent les uns après les autres dans la nuit, et bientôt il ne reste plus que les officiers et ceux qui attendent l'eau-de-vie. Mais à peine les bidons sont-ils remplis que l'on entend d'affreux jurons : les hommes perdent pied sur ce terrain glissant, roulent par terre et les bidons se vident sur la route. A deux heures du matin, enfin, il faut s'en aller, personne n'étant plus là. Voilà ce que les troupes appellent ne pas avoir eu de vivres, voilà pourquoi elles maudissent l'intendance. Les soldats ne veulent pas venir chercher leurs vivres, ou, quand on a réussi à les amener, ils se sauvent pour ne pas avoir la peine de les porter. J'ai à cœur de justifier l'intendance de l'armée de l'Est, si toutefois elle avait besoin de justification, qui a fait son devoir avec un dévouement remarquable, qui a souffert toute la fatigue, toutes les privations, mais qui n'a eu affaire qu'à de mauvais soldats, sans énergie et sans discipline. Je mets au défi qui que ce soit de me contredire. Est-ce la faute de l'intendance si on l'a fait distribuer ses vivres, hier, sous le canon de l'ennemi, et si les soldats se sont sauvés, car ils trouvaient la place trop périlleuse? Est-ce la faute de l'intendance si, aujourd'hui, les soldats ont refusé de venir ou se sont dispersés pour n'avoir rien à porter? Pourquoi ne dit-on pas aussi que l'intendance est coupable parce que les soldats ne veulent pas se battre et fuient devant un ennemi trois fois moins nombreux qu'eux? Ces accusations sont révoltantes et je les relèverai toujours avec la plus grande énergie. L'intendance a, je le répète et le dirai encore, fait plus que son devoir. L'armée n'a rien fait de ce qu'elle devait faire. Voilà ce qui distingue l'intendance des soldats de l'armée de l'Est. Je rentre à Issans à trois heures du matin. Je ne me suis pas couché depuis le 15.

18 janvier. — Mon collègue A... est parti à sept heures pour Reynans, et mes subordonnés qui me témoignent autant d'affection et de déférence qu'ils lui en témoignent peu, affirment qu'il est allé se plaindre de moi à l'intendant en chef. Il ne peut me pardonner les railleries dont je l'accable pour sa servile déférence aux moindres volontés du général. Il est revenu en effet à neuf heures, me rapportant des lettres de service qui m'appellent à la 3e division du 24e corps, et il a eu l'impudence de me les remettre lui-même. On n'est pas plus... constructeur de chemins de fer que cela! L'intendant de la 3e division est de deuxième classe, et il appartient à l'armée régu-

lière. Il ne pourra donc y avoir entre nous aucun conflit d'autorité. C'est un fonctionnaire qui connaît son métier, d'un esprit droit et ferme. Il ne se lèverait pas pour remplir de cognac, à minuit, la gourde de son général, mais il faut dire aussi que son général ne le lui demanderait pas. Mes préparatifs sont bientôt terminés, et je pars, toujours à pied, pour Laire où est ma nouvelle division.

Le général qui commande la 3ᵉ division était major de recrutement. C'est un homme d'excellentes manières, poli, amical, bienveillant et d'une extrême bravoure. Il est très-aimé de ses soldats, et ne demande à chacun que ce qu'il peut faire. Il a pour chef d'état-major un chef d'escadron, et deux capitaines d'état-major et un lieutenant pour officiers d'ordonnance, tous bonnes gens à l'exemple de leur général. Le personnel de l'intendance est au complet; il se compose de l'intendant de deuxième classe, en chef, de moi et d'un capitaine des légions de marche du Rhône, faisant fonctions de sous-intendant, d'un adjudant d'administration de deuxième classe, d'un officier d'administration de deuxième classe, comptable des subsistances, d'un élève d'administration et d'un sergent commis aux écritures. L'ambulance, parfaitement organisée en caissons et voitures Masson, comprend un officier d'administration comptable de deuxième classe, un médecin-major de deuxième classe, un médecin aide-major de première et trois de deuxième classe, un pharmacien de deuxième classe et deux adjudants d'administration de deuxième classe. Le service de la prévôté est fait par vingt-quatre gendarmes commandés par un maréchal-des-logis. Le convoi de vivres est dirigé par un escadron du train avec un capitaine, un lieutenant et un sous-lieutenant. Les troupes de la division sont : un escadron du 7ᵉ régiment de cavalerie mixte (100 hommes), le 89ᵉ régiment de marche provisoire, mobiles (2,400 hommes), la 1ʳᵉ et la 2ᵉ légion de marche du Rhône, mobilisée (4,000 hommes), le 4ᵉ bataillon de gardes mobiles de la Loire (835 hommes), deux batteries d'artillerie, canons Armstrong, pour les légions du Rhône, deux batteries de douze, une batterie d'obusiers de montagne ; ensemble environ 9,000 hommes.

Les deux légions du Rhône sont de superbes troupes parfaitement équipées et armées, ne manquant de rien. L'une d'elles s'est très-bien comportée devant l'ennemi, mais elles ne demandent plus maintenant qu'à s'en aller, et leurs rangs s'éclaircissent de jour en jour. Leurs soldats encombrent les ambulances pour des maladies inconnues à la médecine ou des blessures qui se guérissent aussitôt qu'on demande à les examiner. Les situations d'effectif fournies par les chefs de corps, devant Besançon, faisaient la joie de l'intendance et resteront à l'état légendaire comme des modèles du genre. Le 1ᵉʳ janvier 1871, la 1ʳᵉ légion accusait 1,707 hommes et 35 chevaux ;

le 2, 1,796 hommes et 30 chevaux; le 3, 1,844 hommes et 44 chevaux; le 4, 1869 hommes et 35 chevaux; le 6, 1,722 hommes et 37 chevaux; le 7, 1,718 hommes et 37 chevaux. La 2e légion, qui ne voulait pas rester en arrière, accusait, le 31 décembre, 61 officiers, 2,100 hommes et 33 chevaux; le 2 janvier, 59 officiers, 2,104 hommes et 44 chevaux; le 3, 2,132 hommes et 45 chevaux. — Aujourd'hui, sans combat, il ne reste pas 1,000 hommes présents au drapeau dans chaque légion, et les situations d'effectif restent les mêmes. Leur artillerie est très-belle.

L'artillerie de ligne, recrutée parmi de jeunes soldats, a faibli devant Héricourt. Aux premiers obus prussiens les artilleurs ont quitté leurs pièces et se sont réfugiés dans les bois, pendant que le commandant, un brave officier d'Afrique, s'arrachait les cheveux et pleurait de rage. Au moment où j'arrive à Laire la retraite est commencée. L'artillerie de 12 est déjà en marche et se débat dans un bourbier sans pareil. Je trouve l'intendant et son personnel dans une cuisine jonchée de paille, qui leur sert de salle à manger et de chambre à coucher. Ils m'accueillent à bras ouverts, et l'on m'envoie de suite faire le logement de la division à Faimbes, à seize kilomètres en arrière. Je pars, navré de tout ce que j'entends, de tout ce que je vois. L'artillerie ouvre la marche, les troupes suivent en désordre, marchant dans une boue glissante jusqu'aux genoux et laissant en arrière une nuée de traînards et d'éclopés. J'éprouve une telle difficulté à suivre la route, que je prends des chemins détournés où je m'égare, et j'arrive à Faimbes à neuf heures du soir, deux heures après que toute la division y est installée.

Faimbes est un village de vingt-deux maisons. C'est là que sont entassés 9,000 hommes. Des feux de bivouac brillent de tous côtés. Le village paraît de loin une fournaise. Les soldats sont déjà couchés dans la boue, et il me faut littéralement marcher sur eux pour gagner la maison du maire où je retrouve l'intendant. On est tombé sur un paysan rusé, grossier, et qui ne prend pas la peine de cacher ses sympathies pour les Allemands. Il nous refuse tout, malgré l'argent qu'on lui offre. L'intendant qui veut, dit-il, me donner un dîner de bienvenue, nous présente un plat de pommes de terre et une bouteille de vin que l'on verse dans un saladier où nous puisons avec une cuiller, faute de verres. Après ce splendide festin, sans pain, on répand dans la cuisine une jonchée de paille fraîche, sur laquelle nous nous étendons avec délices. L'intendant est un peu confus de la disette de sa cuisine, et le sous-intendant R... se tord de rire en pensant à ce festin de bienvenue : c'est un jeune capitaine de la première légion de marche du Rhône qui remplit ces fonctions, et qui, de son état, est marchand de produits pharmaceutiques. Il a le plus heureux caractère, ne doute de rien, rit de tout ; il donne un peu de vie à cette intendance qui, sans lui, serait bien sévère.

19 janvier. — J'ai été présenté au général, qui m'a fait l'accueil le plus cordial. Il est logé dans une chambre de paysan, où il couche pêle-mêle avec tout son état-major. Il a les pressentiments les plus sombres, et hausse les épaules en lisant un journal où l'on dit que l'armée « opère en bon ordre son mouvement de concentration. » Demain, dit-il, on écrira que nous nous replions toujours en bon ordre, et que le moral de l'armée est excellent. A midi, nous voyons déboucher par les bois des chasseurs à pied en désordre, plusieurs sont blessés. Les Prussiens viennent d'incendier Sainte-Marie, à six kilomètres d'ici, et ils y ont fait deux cents prisonniers. La division prend les armes, l'artillerie quitte ses positions et la retraite continue. La précipitation est telle que l'ambulance et le convoi restent en arrière et forment l'extrême arrière-garde. Nous quittons Faimbes à trois heures, lorsque les uhlans apparaissent déjà dans le lointain. Nous nous attendons à chaque instant à être attaqués et enveloppés. Je monte dans le fourgon de l'ambulance, où nos médecins ont établi un officier de la garde mobile qui meurt dans nos bras d'une angine couenneuse. Le spectacle de cette mort affreuse me chasse de la voiture, et je prends à pied la tête du convoi qui marche avec une lenteur désespérante. La route est telle-

ment glissante que les chevaux s'abattent à chaque pas. Nous traversons l'Isle-sur-le-Doubs dont on a fait sauter le pont, nous longeons la rivière pendant quelque temps et nous remontons ensuite sur les plateaux. La neige commence à tomber avec violence, et la nuit est si sombre que l'on ne peut se guider. L'officier du train qui dirige le convoi sous mes ordres, trompé par de faux renseignements, nous égare complètement. Il faut revenir sur nos pas, prendre des chemins non frayés, à travers des bois, et nous arrivons enfin à Fontaine à cinq heures du matin, après quatorze heures de marche. Nous sommes tous épuisés de fatigue. La première division occupe déjà le village. Un aubergiste nous donne une tasse de café, jette quelques bottes de paille dans un couloir qui conduit de sa cuisine à la salle remplie de mobiles, et nous nous étendons pêle-mêle sur cette litière où personne ne peut trouver le sommeil.

20 janvier. — A sept heures, il faut repartir pour Clerval. Je ne me suis pas déchaussé depuis quarante-huit heures et je ne le tente même pas, car mes chaussures sont tellement mouillées que je ne pourrais les remettre. De toilette et d'ablution, il n'en est plus question, et c'est pour moi la privation la plus cruelle. Les cheveux ébouriffés et remplis de paille, la barbe longue et inculte, nous avons plutôt l'air de bandits que de soldats. Nous ne pouvons plus manger tant nous

sommes fatigués. A Clerval, le désordre est à son comble. La retraite étant décidée sur Besançon, les quatre corps d'armée s'entassent sur la rive droite du Doubs. Le 15e, le 18e et le 20e corps vont suivre cette rive pour regagner Besançon. Le 24e seul passera sur la rive gauche et fera quatre étapes jusqu'à Besançon. Le curieux pont de Clerval a été réparé provisoirement, de manière à pouvoir être coupé au premier signal. Sur le pont se pressent tous les convois, toute l'artillerie, toutes les troupes du 24e corps. C'est à qui passera sur le corps des autres pour gagner l'autre rive. Tantôt le général faisant fonctions de commandant de place, envoie l'ordre de ne plus laisser passer personne, tantôt il donne l'ordre de faire passer tout le monde. Les officiers voient leur autorité méconnue. Le passage dure toute la journée, c'est comme un flot humain qui paraît ne devoir jamais s'arrêter, tandis que la route directe de Besançon, sur la rive droite, est couverte à perte de vue d'un encombrement pareil. Le désordre est si grand que la 1re division du 24e corps, désignée pour soutenir la retraite, a passé la première. Le général commandant le 15e corps m'arrête et me prévient que tout son corps a défilé le dernier et qu'il n'y a plus personne entre nous et l'ennemi qui arrive. Il s'emporte contre son collègue du 24e corps, et enfin lui dépêche un cavalier pour le prévenir de la situation critique qui peut nous être faite d'un instant à l'autre. Le fait est que si les Prussiens veulent mettre leur artillerie en position, rien ne peut les en empêcher, et ils peuvent nous faire éprouver un désastre irréparable.

Vers le soir la 1re division du 24e corps retourne enfin sur ses pas et occupe les positions. Pendant ce temps, l'intendant m'a laissé à Clerval en me prescrivant de recevoir les voitures vides qu'il m'enverra et de les lui renvoyer chargées de vivres. Il y a dans la gare de Clerval un approvisionnement de toutes sortes et il importe de ne pas le laisser à l'ennemi. Je passe donc toute la journée pataugeant dans un fleuve de boue, au milieu d'un terrain si détrempé que les voitures s'embourbent et qu'il faut presque les porter, et quand la nuit arrive, mes voitures regagnent Glainans où est ma division. En attendant leur retour je me mets en quête d'un gîte. Personne ne veut me recevoir. Enfin, à la gendarmerie un brave gendarme m'offre une paillasse dans la pièce qui lui sert de cuisine, après que nous avons partagé fraternellement un souper plus que frugal.

21 janvier. — Les Prussiens sont en pleine marche, et il paraît que l'armée de Manteuffel a déjà dépassé Besançon. Toute la journée on a entendu le canon dans le lointain dans la direction de Vesoul. Que se passe-t-il par là? A une

heure du matin les Prussiens sont entrés à l'Isle-sur-le-Doubs, à douze kilomètres d'ici. A neuf heures ils sont à Soies, à six kilomètres. A midi je les aperçois distinctement, avec une longue vue, sur les hauteurs qui dominent Clerval. Je me hâte de faire charger les vingt-cinq voitures qui viennent d'arriver de Glainans. Nous nous attendons à chaque minute à recevoir des obus. — Comme je n'ai pas pu trouver de logement à Clerval, je m'établis à Chaux, à un kilomètre, chez le maire. Ce petit village est déjà occupé par l'état-major de la 1re division et par les débris du bataillon de chasseurs à pied. Je couche enfin dans un vrai lit, et l'on ne peut se figurer combien cette jouissance est grande après en avoir été si longtemps privé.

22 janvier. — On m'a envoyé un nouveau convoi à vide, et j'ai réussi à le renvoyer entièrement chargé. Les Prussiens n'ont pas changé de position et nous opérons tout notre travail sous leurs yeux et pour ainsi dire sous leur inspection. Mais nous sommes tous bien armés, et une compagnie du génie stationne sur le pont, toute prête à le couper au premier coup de canon. Jamais besogne plus rude n'a été enlevée avec plus d'entrain.

23 janvier. — Ma mission est terminée. Deux uhlans sont venus en reconnaissance, on les a

tués. La 1re division s'est repliée ce matin. Le pont est coupé et les Prussiens débouchent en face de Clerval. Un paysan qui a traversé le Doubs en bateau nous dit qu'ils se sont vantés de rétablir le pont en quatre heures, quoique la coupure soit très large et qu'elle soit à cinquante pieds d'élévation au-dessus de la rivière. Il est temps de partir ; je quitte Clerval au moment où l'on commence à échanger quelques coups de fusil d'une rive à l'autre. C'est la compagnie des francs-tireurs bretons qui est engagée. Je rejoins à Glainans ma division, alors que l'artillerie divisionnaire se porte en avant, sur la route de l'Isle. Sur ce point encore les Prussiens ont rétabli le passage. Ils ne sont qu'à trois kilomètres de nous. Du quartier-général arrive l'ordre de marche, l'artillerie restera en position jusqu'à ce que la division ait défilé. Les bagages et les vivres prennent les devants sous mon commandement. Nous nous engageons dans le Lomont où la neige est plus abondante que partout ailleurs et où les chemins ne sont pas frayés. Par endroits, les chevaux y enfoncent jusqu'au poitrail. Pour nous, qui marchons à pied, nous en avons parfois jusqu'à la ceinture et ne faisons absolument que nous enterrer et nous déterrer à chaque pas. Je suis épuisé de fatigue quand j'arrive à Vellevans, à trois heures du matin ; nous marchons ainsi depuis sept heures du soir, et la plupart d'entre nous ont la dyssenterie. Le maire, prévenu par l'avant-garde, nous attendait sur la place et nous dirige immédiatement sur nos logements.

24 janvier. — L'intendant est arrivé malade. La dyssenterie l'a tellement affaibli qu'il parle d'entrer à l'hopital de Besançon et qu'il me délègue le commandement en chef. J'accepte sans hésiter, car la responsabilité est moins lourde à la 3e division que partout ailleurs. Le service y est aussi bien fait que possible, grâce à l'énergie de tous les officiers sous mes ordres, et l'excellent général Carré de Busserolles ne demande que l'accomplissement du devoir dans la limite du possible. Nous passons toute la journée à Vellevans et tâchons de remettre un peu d'ordre dans nos écritures. Avec une retraite aussi rapide, il est impossible de tenir aucun registre à jour. On demande à cor et à cris le payeur, qui bat en retraite à dix lieues en avant du 24e corps. Il a été déja fait prisonnier une fois à Metz, et il a une sainte frayeur de l'ennemi, mais il nous laisse absolument sans ressources, sans solde, et les soldats murmurent sans qu'on puisse leur répondre qu'ils ont tort de le faire. On n'entend pas davantage parler de la poste militaire. Depuis que nos correspondances lui sont confiées, nous ne recevons plus rien. Ces deux services sont l'objet

des plaintes et des réclamations les plus vives. Dans la soirée, le général me transmet l'ordre de faire partir mon convoi pour Aissey, à quatorze kilomètres sur la route de Besançon, au point de jonction de la route de Baume-les-Dames, et de Vercel, un des cantons de la montagne. — Je partirai moi-même demain à six heures du matin. — On fait courir le bruit que nous sommes coupés de Besançon, que l'ennemi nous barre la route, et qu'il faudra ou s'ouvrir un passage de vive force ou se jeter dans la montagne.

25 janvier. — La journée a été pleine d'émotion, de péripéties et la plus rude que j'aie encore passée. Nous sommes partis à six heures du matin pour Aissey, dans la petite voiture de l'intendant, qui est trop malade pour marcher et qui veut gagner Besançon d'une seule traite pour s'y faire soigner. Il est incapable de continuer son service, et son état nous inspire quelques inquiétudes. La division s'apprête à nous suivre.—A Lanans, nous croisons la 1re division qui a reçu contre ordre et qui rentre dans ses cantonnements : le général de Castella, qui commande le 63e régiment de marche, me dit qu'il y a de mauvaises nouvelles, que la route de Besançon n'est plus sûre, et que l'ennemi occupe Baume dont on craint qu'il veuille rétablir le pont pour nous prendre dans le flanc droit, pendant que le reste de l'armée de Werder nous chasse devant elle. Au même instant un nouvel ordre du

quartier-général prescrit à sa brigade d'occuper Pont-les-Moulins en face de Baume, afin d'empêcher la reconstruction du pont. Nous poursuivons notre route. Devant Passavant, village à un kilomètre à gauche de la route et qui, perché sur un mamelon à pic, domine tout le pays, je trouve mon convoi arrêté par ordre du général en chef, et un cavalier me transmet en même temps l'injonction de me rendre au grand quartier général et d'y rallier tous mes services. Mais l'ambulance est déjà à Aissey, ei il faut bien que j'aille la chercher. En arrivant dans ce village, j'y trouve une batterie d'obusiers qu'on a certainement oubliée là; les mulets sont à l'écurie, les artilleurs dispersés. Personne ne se doute de l'imminence du danger, car il est évident maintenant qu'il y a quelque chose, et mes doutes à cet égard sont confirmés par une fusillade très-nourrie dans la direction de Baume, qui se rapproche trop vite pour ne pas indiquer une nouvelle déroute. En effet, des fuyards des légions de marche du Rhône me disent que le 63e régiment de marche qui avait pour mission d'empêcher l'ennemi de rétablir le pont de Baume, a non-seulement trouvé le pont rétabli, mais les Prussiens qui l'avaient franchi depuis la veille et qui s'étaient fortement établis à six kilomètres en avant, à Pont-les-Moulins. *Et le général en chef l'ignorait absolument!* Le 63e régiment a été anéanti, a perdu beaucoup de monde et a été fait prisonnier en masse. Il n'en reste pas 200 hommes ! J'ordonne à l'ambulance de partir immédiatement et de me suivre, et je reprends, à pied et sans armes, la route de Passavant. A ce moment, le brouillard devient tellement intense que l'on ne peut distinguer les objets à trente pas. A peine ai-je fait deux cents pas, que j'entends un grand bruit de chevaux et des hourras frénétiques. C'est un escadron de uhlans qui entoure mon ambulance. Mon officier d'administration, les infirmiers et les médecins se sont jetés dans les bois qui bordent la route et ont pu échapper. Le médecin en chef, interrogé par l'officier allemand sur nos mouvements et nos forces, refuse de répondre, et par son énergie sauve l'ambulance que l'ennemi abandonne.

Mis sur mes gardes par le tumulte, je prends un chemin creux, entièrement rempli de neige, et je m'achemine tranquillement vers Passavant, me croyant en sûreté. A cent mètres du village, je me retourne et j'aperçois deux uhlans enveloppés de leurs grands manteaux noirs, qui me suivent silencieusement. L'épaisseur de la neige assourdissait tellement les pas de leurs chevaux que je n'avais rien entendu. Se voyant découverts, ils déchargent sur moi leurs pistolets, me manquent et tournent bride. A Passavant, tout est en mouvement, les convois du grand quartier-général défilent sur la route de Vercel. Par ordre, j'y rallie mes convois et mes ambulances et nous voici en route pour la montagne, sans savoir ce que sont devenues les divisions. Le général en chef nous dépasse au galop ; on lui demande des ordres, il refuse même de répondre et s'éloigne comme si l'ennemi était sur ses talons. Soucieux de sa propre sécurité, il paraît s'inquiéter tellement peu de la nôtre qu'un mouvement de dégoût et d'indignation s'empare de nous tous. — Livrés à nous-mêmes, nous prenons les précautions qu'indique la situation. Les caissons de munitions se placent en tête du convoi sous l'escorte d'une demi-compagnie du génie. Les officiers d'artillerie se tiennent prêts à les faire sauter, si l'ennemi nous attaque. Le général en chef a préposé une compagnie de gardes mobiles à la garde de ses bagages personnels. J'ordonne à l'officier qui la commande de passer à l'arrière-garde et de faire feu sur les uhlans s'ils nous serrent de trop près. Ceux-ci, en effet, s'approchent et reçoivent un feu de peloton : ils se dispersent, reviennent encore à la charge, et ce n'est qu'une deuxième décharge, bien dirigée, qui nous débarrasse de leur poursuite.

Après avoir dépassé Orsans, d'ailleurs, la route gravit des pentes très-escarpées, par de longs circuits. Ici, nous sommes à l'abri de toute poursuite. La campagne est recouverte d'une épaisseur de neige qui atteint certainement près d'un mètre par endroits. Les voitures ne peuvent marcher qu'à la file, encore faut-il s'arrêter à chaque instant, doubler les attelages, et ce n'est qu'au prix de peines infinies que nous atteignons Vercel à la nuit.

Le froid est très-rude, et j'ai perdu une de mes chaussures dans la neige. Je marche donc avec un pied chaussé et l'autre nu, comme le soldat de la vieille chanson que j'ai si souvent entendue dans mon enfance, et qui m'est revenue plus d'une fois à l'esprit pendant ce terrible trajet. En arrivant à Vercel, je ne sens plus mon pied qui est comme paralysé. Sans l'appui de mon sabre dont je me suis fait une canne, je n'aurais jamais pu aller plus loin. J'ai le pied gelé, et j'entre chez le premier paysan de Vercel pour essayer de me réchauffer, mais le médecin en chef de l'ambulance du quartier-général, qui vient à passer et qui me voit dans cet état, me fait descendre sur la route, et avec un des infirmiers, m'applique un traitement si énergique qu'il ramène enfin la chaleur et la sensibilité, mais il me défend de marcher. Le brave homme qui m'a donné asile pour un moment, me force d'accepter une paire de bottes presque neuves, ses bottes de noce, sur lesquelles il y a presque un kilo de clous. Je n'ai pas un centime sur moi, mais je lui donne une cordiale poignée de mains, et je le quitte les yeux pleins de larmes. On m'indique la maison d'un huissier, un digne homme qui me reçoit comme son propre fils; mais, il faudra repartir demain avant le jour, car il faut que je retrouve ma division, et demain les Prussiens seront ici. C'est à Pontarlier que va toute l'armée. On a renoncé subitement à gagner Besançon. Nous tenterons de gagner Lyon par le col de la Faucille et par Gex. Nous ne sommes pas au bout de nos peines.

26 janvier. — L'intendant en chef, que je suis allé trouver à minuit, partait pour Pontarlier avec le 24e corps, tous les vivres et toutes les ambulances. Il m'a dit qu'il croyait que ma division était à Pierrefontaine. Je pars à six heures du matin avec mon officier d'administration, mon élève d'administration, mon sergent commis aux écritures, mon ordonnance, entassés sur un traîneau. C'est tout ce qui me reste de mon personnel. Les deux voitures du train, qui contiennent nos bagages et notre matériel de cuisine et de campement, nous suivent. A Grandfontaine, où nous nous arrêtons, je trouve deux francs-tireurs de la compagnie Huot, vêtus en paysans ; leur compagnie a été surprise à Mathay, pendant la nuit. Plusieurs des leurs ont été égorgés dans leurs lits : ceux-ci ont sauté par la fenêtre, en chemise ; ils se rendent à Besançon. Les Prussiens sont déjà à Blamont, ils longent la frontière et veulent évidemment nettoyer la montagne pour attaquer Besançon par le point le plus vulnérable. Si cela est ainsi, nous allons être tous pris, ou forcés de passer en Suisse. Quelle honte ajoutée à tant d'autres !

A Pierrefontaine, où je suis reçu à bras ouverts,

personne ne peut me donner de nouvelles de ma division. Le général de Castella arrive avec les débris de sa brigade, et après lui, la réserve d'artillerie de ma division, mais qui en est séparée depuis la veille. Le général se rend à Morteau et m'engage à l'imiter. Il m'assure que les bruits les plus sinistres sont répandus sur le sort de ma division, qu'elle doit être entourée et prisonnière. Je me décide à suivre son conseil, et je me rends à Fuans, en conduisant avec moi la réserve d'artillerie. Nous couchons dans une auberge du village, au pied du Lomont. Le froid est horrible, mais nous avons tous des lits.

27 janvier. — J'ai traversé en traîneau le Lomont, jamais je n'ai rien vu d'aussi grandiose que ce paysage. La route serpente à travers des forêts de sapins. Tout est couvert de neige, de laquelle se dégage un brouillard qui adoucit les perspectives sans les voiler. Il règne dans ces solitudes un silence de mort, rompu par les grelots de notre cheval et par les croassements de quelques corbeaux. De temps à autre, nous dépassons des soldats marchant par petits groupes : ils appartiennent à tous les corps et s'en vont à l'aventure, sans se soucier de rejoindre leurs drapeaux. La Suisse est devant eux, disent-ils, et ils vont en Suisse. Morteau est un délicieux bourg, au centre d'un cirque de montagnes couronnées de sapins. En été, c'est une des plus pittoresques résidences

que l'on puisse voir. Les maisons affectent déjà la forme des châlets suisses. — La première et la deuxième division du 24e corps l'ont quitté ce matin après y avoir reçu un accueil fraternel. On me cite tel aubergiste, chez lequel, pendant vingt-quatre heures, on a distribué gratis de la viande, du pain et du vin à tous les soldats qui se présentaient. M. F..., notaire, nous offre l'hospitalité, et je reçois de l'intendant en chef l'ordre de le rejoindre à Pontarlier, où toute l'armée se concentre et où marche ma division qui a échappé miraculeusement à l'ennemi.

28 janvier. — Je fais en traîneau le trajet de Morteau à Pontarlier (vingt-huit kilomètres); les traînards se multiplient. Quelques-uns ont tellement perdu tout sentiment de discipline, qu'ils nous injurient au passage et veulent s'emparer de notre traîneau. Je suis obligé même, une fois, d'en menacer deux avec mon révolver. Que l'on s'étonne maintenant si, avec de pareils soldats, nous avons éprouvé un semblable désastre! Le froid est horrible. Les voitures de bagages sont restées en arrière, et nous n'avons d'autres vêtements que nos capotes militaires.

29 janvier. — A Pontarlier, c'est l'abomination de la désolation. Trois corps d'armée occupent cette malheureuse ville. Les maisons regorgent de soldats, l'artillerie et les convois bivouaquent

dans toutes les rues. Les soldats allument leurs feux le long des maisons, au risque d'incendier la ville. Tous les convois arrivent de Besançon. On ne manque pas de vivres, mais il n'y a plus aucun ordre, aucune discipline. Mon sous-intendant revient de Besançon qui doit être investi en ce moment. Le général Bourbaki s'y est suicidé de désespoir, et c'est le général Clinchant qui le remplace. Cette affreuse nouvelle jette la consternation dans toute l'armée. Il paraît qu'en arrivant à Besançon, le général Bourbaki a dit au général R... (de Marseille), mon ennemi intime, qu'il venait s'appuyer sur la ville. Sur quoi celui-ci lui a répondu, avec le ton aimable qu'on lui connaît, qu'il ne voulait pas d'une nouvelle affaire de Metz, et qu'il allait faire tirer sur nos troupes. Un télégramme très-brutal du ministre de la guerre a achevé de désespérer le brave Bourbaki, qui a voulu se tuer. Il paraît que les habitants de Besançon auraient été tout disposés à ouvrir leurs portes aux Allemands, mais que le général R... a menacé de bombarder la ville si l'on parlait de se rendre; aussi est-il cordialement exécré. Cela devait finir ainsi.

« Oh! mes seringues, quand vous reverrai-je! » s'écrie mon sous-intendant d'un ton dolent. Je le comprends, car il n'est pas un de nous qui n'ait la nostalgie du foyer. Il est temps d'en finir. L'intendant en chef me donne un second sous-intendant, car dans le vcyage que nous allons entreprendre, il faut que les services soient au complet : je n'aurai pas trop de deux sous-intendants pour assurer la subsistance de ma division. C'est le prince de Montholon qui est désigné pour servir sous mes ordres : je ne pouvais mieux tomber.

Ma division traverse Pontarlier sans s'arrêter. Le général vient me voir. Après avoir reçu des vivres, les troupes partent pour Mouthe, où je dois les rejoindre demain avec mon convoi et l'ambulance. A cinq heures, j'entends de grands cris, ce sont les mobiles qui ont rompu leurs rangs et qui crient : « Vive la paix ! » le tumulte est à son comble. Les soldats jettent leurs fusils et prennent d'assaut les cafés. On vient d'afficher une dépêche du gouvernement, annonçant la conclusion d'un armistice de vingt-et-un jours, à dater du 27 janvier, la nomination d'une assemblée constituante le 8 février, et sa réunion à Bordeaux le 15. A sept heures, comme nous étions à table, on bat la générale. Nous nous précipitons au dehors, et nous apprenons par deux officiers de dragons qui arrivent sur des chevaux écumants, que les Prussiens ont surpris à Sombacourt, à cinq kilomètres d'ici, la première division du 15e corps, l'ont dispersée sans combat, ont fait prisonniers le général de division et le général de brigade et enlevé deux batteries d'artillerie. Ces officiers racontent des détails navrants. Un des leurs, avec un peloton de cavaliers, a fait le coup de feu pendant deux heures contre l'avant-garde ennemie, et a envoyé avertir, à dix reprises, le général qui n'a jamais voulu rien croire et s'est mis tranquillement à dîner sans vouloir prendre la moindre précaution : les soldats étaient à faire la soupe. Les Prussiens leur prenaient leurs armes en disant : « bons chassepots !... mauvais soldats... f..... le camp ! » Peut-on rêver rien de plus honteux ! Ces deux officiers eux-mêmes ne sont pas irréprochables, car ils ont pris les chevaux de deux de leurs soldats pour se sauver plus vite. Je cours au quartier-général où j'apprends que l'on vient d'envoyer un parlementaire à l'ennemi pour lui dénoncer l'armistice. On veut bien croire qu'il n'en a pas connaissance, mais je suis convaincu qu'il le connaissait avant nous, et qu'il veut simplement, par sa feinte ignorance, s'emparer de Pontarlier pour en faire un centre de ravitaillement pendant la durée de l'armistice. On reste toute la nuit sous les armes, néanmoins.

30 janvier. — Aux termes des usages militaires, l'armistice devant immobiliser l'armée, j'envoie M. de Montholon auprès du général, pour savoir si nous devons le rejoindre et où nous prendrons nos cantonnements. En attendant sa réponse, je reçois des vivres qui nous sont envoyés de Suisse, et je prépare un petit convoi approvisionné de toutes sortes de denrées et surtout de fromages plus grands que des meules de moulin. Pendant ce temps, l'ennemi a fait connaître sa réponse,

et l'on retarde autant que possible le moment de l'apprendre aux troupes, car elle est de nature à les décourager absolument et à provoquer une débandade ou une révolte. Les Prussiens, bien mieux au courant que nous-mêmes de nos propres affaires, ainsi que je le prévoyais, connaissaient l'armistice, et savaient qu'il s'appliquait à tous les belligérants, à l'exception de l'armée de l'Est et de Belfort. Ils accordent une suspension d'armes qui cessera à minuit, et nous attaqueront ensuite jusqu'à ce que nous ayions mis bas les armes ou nous soyions jetés en Suisse ! — Il est impossible de dépeindre l'indignation qui s'est emparée de nous à ces terribles nouvelles, et les cris de fureur contre ce gouvernement qui, d'un trait de plume, sacrifie l'héroïque ville de Belfort et une armée de 80,000 hommes ! Malgré tout, il faut bien que les soldats sachent le sort qui leur est réservé. Un grand nombre jettent leurs armes en refusant de servir plus longtemps. Nous avons une peine infinie à les calmer, et nous nous efforçons de les persuader que tout n'est peut-être pas désespéré, que, si nous pouvons atteindre Gex, au prix des derniers sacrifices, au prix de marches forcées dans un pays difficile et couvert de neige, nous sommes tous sauvés ; qu'il vaut mieux tout souffrir, tout braver que d'être prisonniers ; qu'un dernier coup de vigueur peut nous ouvrir la route de Lyon où est le salut. A cinq heures, on bat la générale, au milieu d'une émotion indescriptible ;

mais c'est une fausse alerte, les reconnaissances de cavalerie prouvent que l'ennemi n'a pas fait un seul pas en avant.

J'ai vu ce soir, pour la première fois, le général Crémer dont on a souvent parlé et que l'on juge si diversement. De capitaine d'état-major il a été fait général de division, et il a eu soin d'attirer à lui les meilleures troupes pour composer sa division. Celle-ci est déjà en avant sur la route de Mouthe. Ce général déclare très haut, trop haut à mon avis, qu'il va nous frayer la route, et qu'il se charge de protéger notre droite, très-menacée, s'il faut en croire les bruits en circulation depuis hier. Ainsi soit-il! Mais j'ai déjà entendu tant de plans de campagne formés devant un ou plusieurs verres d'absinthe, et qui ont abouti à de pitoyables déroutes! Quoi qu'il en soit, une partie des troupes partira cette nuit, et les convois se mettront en marche demain, au jour, si toutefois messieurs les Prussiens veulent bien le permettre.

31 janvier. — Personne n'a pu dormir, l'inquiétude nous a tous tenus éveillés. Les troupes ont défilé pendant toute la nuit. Au jour levant, je vais à la recherche de mon convoi que j'encadre bien malgré moi parmi les autres, et le défilé commence. Tout est mêlé dans le plus effroyable désordre. Troupes, canons, vivres, bagages, marchent sur deux files, s'écrasant dans

les rues. Les ordres et les contre-ordres se succèdent. Il faut presque dégaîner pour se faire place. Tout cela se débat dans un demi-mètre de neige tellement broyée qu'elle est devenue une poussière jaune de laquelle les chevaux ne peuvent arracher les voitures. Ces malheureux animaux sont de vrais squelettes, car l'avoine et le fourrage ont complètement fait défaut. Il y en a qui n'ont point mangé depuis trois jours, On m'en montre un qui dévore une roue de rechange d'une pièce d'artillerie devant laquelle il est arrêté! Un attelage ne se décide à marcher qu'en voyant une botte de paille attachée à l'arrière d'un caisson et en faisant des efforts désespérés pour atteindre cette provende qui les fuit. Dans une cour un pauvre cheval du train, décharné, l'œil atone, mange à belles dents un fumier pourri à moitié gelé. Ceux qui tombent n'ont plus la force de se relever, on coupe leurs traits, et on les abandonne. En une heure nous n'avons pas parcouru plus de 500 mètres. Impatienté de ces délais et désespérant de me faire obéir, je pars à pied avec mon officier d'administration, par un chemin de traverse, après avoir donné ordre aux officiers du train de conduire le convoi à Mouthe où je les attendrai. A Oye, je trouve un traîneau et je force le mobilisé qui le conduit à me mener à Mouthe. Les chemins sont affreux. La neige est de plus en plus épaisse : il faut descendre à chaque instant pour dégager le traîneau et pour chercher le chemin que nous perdons. Enfin, à la hauteur de Sainte-Marie, tandis que nous longeons le beau lac de Saint-Point, dont la surface glacée permettrait à une armée de manœuvrer à l'aise, je rencontre les troupes de ma division rangées en bataille et couvertes par des tirailleurs. On se bat à Vaux, à deux kilomètres sur la droite. On entend la fusillade, et les obus éclatent dans la neige, à quelques centaines de mètres de nous. Je rejoins un peu plus loin le général qui a arrêté mon ambulance, car il s'attend à entrer en ligne d'un moment à l'autre. Il me prescrit de traverser le lac, de lui envoyer l'artillerie et d'attendre des ordres à Abergemont. Après avoir exécuté ces prescriptions, je me roule dans ma capote, je me couche dans un fossé plein de neige, et ma fatigue est telle que je m'endors.

Les prévisions se sont réalisées. Nous sommes coupés de la route de Gex. Il faut se jeter dans la montagne en longeant la frontière, ce qui est presque impraticable, se rendre, ou se jeter en Suisse. Terrible alternative pour prix de tant d'efforts et de souffrances. Les convois qui avaient dépassé Abergemont sur la route de Mouthe, reviennent successivement. L'artillerie de la réserve et les batteries Armstrong des légions du Rhône vont prendre leurs positions de combat. On fait sauter le curieux pont en bois sur le lac de Saint-Point, et la division rentre à Abergemont avec le général qui m'envoie à Saint-Antoine. Je monte dans un traîneau avec M. de Montholon. Le froid dépasse tout idée, et nos chevaux qui tombent à chaque instant enfoncent dans la neige jusqu'au poitrail. Saint-Antoine est un village très-pauvre dans lequel il y a un encombrement tel que, pour un moment, nous perdons tout espoir même de pouvoir entrer dans une maison. Enfin, des mobiles de la Haute-Garonne me font place auprès de leur feu, et l'un d'eux m'offre, au nom de ses camarades, un verre de vin chaud. Il est huit heures, et je n'ai rien mangé depuis le matin. Enfin mon officier d'administration découvre dans une ferme une chambre immense dans laquelle M. de Montholon et moi nous nous établissons en attendant des ordres. Nous avons soupé d'un morceau de fromage, pendant que le docteur pansait sous nos yeux et presque sur la table un pauvre diable dont le pied était mutilé.

1er février. — Ma division a traversé Saint-Antoine pendant la nuit sans s'y arrêter. Elle bivouaque aux Hôpitaux-Vieux, à quelques kilomètres plus loin. Je m'y rends immédiatement avec mon convoi, et le général me prescrit de continuer jusqu'à Ferrière, petit village sur l'extrême frontière de la Suisse, dont un kilomètre à peine le sépare, d'y séjourner, et de ne pas entrer en Suisse sans un ordre écrit de lui ou du général en chef. On entend le canon à notre gauche, dans la direction de Pontarlier. C'est le 18e corps, dit-on, qui est attaqué à la Cluse, et les deux forts de Joux canonnent l'ennemi par dessus la tête de nos troupes. De ce côté, nous sommes donc menacés, et bien plus encore par la route d'Abergemont que nous avons parcourue la veille. Par là, ma division forme l'arrière-garde, et les Hôpitaux-Vieux où en est la plus grande partie, est au point d'intersection de cette route et de celle de Pontarlier par la Cluse, dont on se dispute en ce moment la possession. A Jougne, où je m'arrête un instant, le général de Castella m'apprend que le général en chef Clinchant a signé le matin, à six heures, avec le général en chef de l'armée suisse, Herzog, une convention pour l'entrée en Suisse de toute notre armée, et qu'il y est entré aussitôt de sa personne. Nous n'avons été aucunement avisés de cette détermination si grave, et nos divisions sont donc absolument abandonnées à elles-mêmes. J'envoie un dragon aux Hôpitaux-Vieux porter à mon général la notification officielle de ce fait écrite par le général de Castella, qui se dispose à passer en Suisse le jour même.

A Ferrière, je trouve un tiers de ma division qui reçoit par acclamation les vivres que je lui apporte. Les habitants ne sont occupés qu'à vendre des vêtements aux officiers qui veulent traverser la Suisse sous un déguisement pour rentrer aussitôt en France. Un paysan, tout déguenillé, m'accoste en me tendant la main ; c'est un colonel de gardes mobiles, qui n'a rien trouvé de mieux. A sa mine, je lui prédis qu'il sera arrêté non comme militaire, mais comme vagabond. Les officiers sont émus pour la plupart et désespérés. Ils remettent leurs sabres et leurs révolvers aux paysans en leur recommandant de les cacher. Quant aux soldats, leur cynisme me révolte. On n'entend que des cris de joie. Il y en a qui jettent leurs armes dans la neige, en s'écriant; « Enfin, nous voilà donc débarrassés des flingots ! quelle chance ! nous n'en aurons plus à porter ! » L'artillerie et les ambulances défilent toujours, mais je n'ai pas d'ordres, et, dussé-je être pris à la frontière même, ni moi ni mon personnel ne quitterons la place que par ordre. Je m'en fais un point d'honneur, et je dois rendre cette justice aux officiers sous mes ordres qu'ils partagent entièrement mes sentiments. Ce n'est pas comme le général B.... qui a laissé ses chevaux et toute son escorte dans une écurie, et qui, déguisé, est parti sans crier gare, comme un malfaiteur poursuivi. Le bon curé de Ferrière offre, à moi et au colonel du train, un festin comme nous n'en avons pas vu depuis de longs jours. Les troupes qui restent avec nous sont aussi dans l'abondance, et elles ont en vivres de toutes sortes plus qu'elles n'en peuvent consommer. Mon convoi porte encore trois jours de vivres frais et de campagne pour toute la division.

2 février. — A une heure du matin, le chef d'état-major m'apporte un ordre du général, de distribuer tous mes vivres aux troupes qui vont se présenter. Il s'est décidé à tenter de gagner Gex par les chemins de douaniers qui traversent la montagne, malgré les difficultés inouies d'un pareil trajet, et il a fait appel à la bonne volonté et au patriotisme de ses soldats. Je me lève et je vais avec mes voitures attendre sur la route. A sept heures du matin personne ne s'est présenté : l'artillerie et les troupes de tous les corps, confondues, défilent toujours sans s'arrêter. J'envoie un dragon aux Hôpitaux. Il revient à dix heures me dire que le général est parti à cheval, à cinq heures du matin, avec vingt-un officiers, que toute la division a refusé de le suivre, et qu'elle est partie aussitôt pour la Suisse par toutes les directions. J'ordonne alors au comptable des subsistances de distribuer tous les vivres aux soldats débandés qui passent et qui appartiennent à la 2e division du 24e corps. Quand tout est fini, quand mes voitures sont vides, je les fais partir ; l'ambulance suit ; et à la tête de tout mon personnel au grand complet, j'entre enfin en Suisse, par Vallorbe, à onze heures du matin.

Un poste d'infanterie, placé à la frontière, reçoit les armes des soldats. C'est navrant à voir ; il y a sur le bord de la route une montagne de fusils et de mousquetons. Les officiers suisses nous saluent poliment, mais j'étouffe, et je m'éloigne au plus vite, sans chercher à cacher mes larmes. Quelle honte !

Je retrouve à Vallorbe tous nos collègues qui m'y ont précédé la veille Ils m'apprennent que nous sommes libres. Le colonel fédéral m'accorde le transport immédiat de mon ambulance aux frais du gouvernement suisse. Je la fais charger sur le chemin de fer, et à trois heures et demie nous partons pour Lyon, pour la France !

Mon journal s'arrête ici. Arrivé à Lyon, où tout le personnel administratif du 24e corps s'était donné rendez-vous, nous y attendîmes pendant quinze jours les ordres du ministre, assistant chaque jour à la désorganisation croissante de l'armée, que M. le général Le Flô s'imaginait réorganiser. Chaque jour quelqu'un de nos collègues nous quittait, recevant une destination lointaine ; nos officiers subalternes eux-mêmes partaient sans que M. le général Le Flô daignât en donner connaissance aux chefs de service. Mes deux officiers d'administration disparurent ainsi ; il ne fallut rien moins que d'énergiques représentations de l'intendant en chef pour faire cesser cet état de choses. Le 18 février enfin, nous reçumes l'ordre d'aller à Chambéry, où le 24e corps devait être reformé. La première division seule y était en formation, avec le général Cremer pour chef. La mienne ne devait probablement jamais être rétablie, c'est pourquoi, plus libre que les autres, je fus envoyé à Saint-Michel-de-Maurienne, afin d'y payer aux garibaldiens le deuxième mois de solde que le gouvernement accordait à ces bandits, tandis qu'il n'accordait qu'un mois seulement aux Français, et d'assurer le retour dans leur pays de ces messieurs, dont nous étions aussi pressés de nous débarrasser que le roi d'Italie l'était peu de les recevoir.

Je partis pour Saint-Michel le 8 mars, avec mon officier d'administration, un sergent commis aux écritures et mon ordonnance. Dans cette bourgade perdue, au pied même du Mont-Cenis, il n'y avait pas un soldat pour nous donner main-forte, il n'y avait pas un sou pour payer. J'y trouvai environ deux cents garibaldiens en pleine révolte, réclamant avec fureur de l'argent et des trains gratis pour se rendre à Suse. Outré de leur insolence, je répondis à leurs demandes par un refus formel. Des menaces de me jeter dans la rivière, ils passèrent à celles de me tuer à coups de révolver, un officier me posa le sien sur la poitrine; enfin ils complotèrent de m'enlever et de m'emmener avec eux. En leur tenant tête avec une énergie qu'ils ne connaissaient pas, j'en eus raison après quelques heures de danger réel, et j'eus la satisfaction de les renvoyer et de les faire arrêter à Suse par les troupes italiennes. On voulut bien déclarer que j'avais sauvé Saint-Michel et le pays du pillage et peut-être de pis que cela, et que j'avais déployé quelque courage en rendant un service signalé. On se contenta de ne plus m'envoyer les garibaldiens que par petites troupes, mais je ne reçus pas même un remerciement de l'autorité militaire; au surplus, je n'en avais que faire.

Rappelé à Chambéry, le 13 mars, j'y fus employé au bureau des passages à rapatrier, solder, diriger sur leurs dépôts ou renvoyer dans leurs foyers tous les internés en Suisse que la paix rendait à la France. Les bureaux étaient en permanence, on travaillait pendant vingt-quatre heures; je me partageais avec deux de mes collègues la direction de ce pénible et fastidieux travail, qui dura jusqu'au 31 mars. C'est pendant ce temps que je fus témoin de l'explosion de la poudrière de Chambéry, qui faillit engloutir la ville et qui fit de trop nombreuses victimes. La vue d'un champ de bataille ou d'une ambulance n'était rien auprès de l'horrible spectacle qu'il mé fut donné dc contempler. De vieux officiers, familiarisés avec les horreurs de la guerre, furent plusieurs jours avant de se remettre des émotions qu'ils avaient éprouvées.

Enfin, le 14 avril, je reçus mes lettres de licenciement. L'intendant en chef me disait : « Permettez-moi, au moment où vont cesser nos relations de service, de vous offrir mes remerciements pour le zèle et le dévouement dont vous avez fait preuve pendant le cours de la pénible campagne de l'Est. » Le ministre, lui, disait aussi : « Je me plais à reconnaître le zèle et l'activité dont vous avez fait preuve, et je vous remercie du concours que vous avez bien voulu donner au gouvernement de la défense nationale. »

Que le lecteur ne s'y méprenne pas : Ce n'est pas pour me faire valoir que je me suis décidé à livrer au public, sans en changer ni le fond ni la forme, ces notes sans prétention, écrites au jour le jour ; c'est pour apporter, si petite qu'elle soit, ma pierre à l'édifice, c'est pour fournir quelques matériaux de plus à celui qui entreprendra d'écrire l'histoire complète et impartiale de la campagne de France. J'ignore comment on jugera plus tard l'action exercée par les francs-tireurs dans cette rude guerre. Ont-ils fait tout ce qu'on était en droit d'attendre d'eux ? En tout cas, ils ont fait beaucoup de mal à l'ennemi, ils lui ont tué beaucoup d'officiers et de soldats, ils lui ont inspiré une haine implacable et une terreur profonde, ils l'ont vu souvent fuir devant eux. Pour ces motifs, je suis et je serai toute ma vie fier d'avoir combattu dans les rangs des francs-tireurs comme simple soldat, d'avoir été ensuite un de leurs capitaines.

COMPAGNIE

DES

FRANCS-TIREURS DE NEUILLY-SUR-SEINE

EFFECTIF AU 1er DÉCEMBRE 1870.

(Le mot *ancien* désigne les hommes engagés lors de la formation du corps, le 15 août 1870, et qui, tous, habitaient Neuilly et Paris. Le mot *nouveau* désigne les engagés depuis la reconstitution de la compagnie, après le combat de la Bourgonce, c'est-à-dire depuis le 15 octobre 1870.)

ÉTAT-MAJOR :

- *Capitaine-Commandant :* Le Cte de Belleval, René, d'Abbeville (Somme).
- *Lieutenant :* Artault, François, de Beaune (Côte-d'Or); ancien militaire. *Ancien.*
- *Sous-Lieutenant :* Carval, Eugène, de Paris; ancien militaire. *Ancien.*
- *Médecin aide-major de 2e classe :* Regnier, François-Joseph-Edouard, de Villecherreux (Haute-Saône). *Nouveau.*

Sergent-major : Borgey, Pierre-Marie, de Lyon. *Ancien.*

Sergent-fourrier : Marcero, Albert-Joseph, de Perpignan. *Ancien.*

Sergent-instructeur : Garnier, Pierre-Louis-Alexis; ancien militaire. *Nouveau.*

Sergents : Sangroubert, Emile, de Paris. *Ancien.*

Jacques, Alexandre, de Saint-Amand-les-Eaux; ancien militaire. *Ancien.*

Rostenne, Jean-Louis, de Rouen; ancien militaire. *Ancien.*

Regnier, Alexandre, de Paris. *Ancien.*

Hupont, Paul, de Segré (Maine-et-Loire). *Ancien.*

Caporaux : Polanski, Stanislas, de Wilna (Pologne). *Ancien.*

Simard, Auguste-Jules, de Breuches (Haute-Saône). *Ancien.*

Simon, Virgile-Gustave, de Montargis (Loiret). *Ancien.*

Doré, François-Louis, de Laval ; ancien militaire. *Ancien.*

Viennot, Léon, de Montbéliard (Doubs) ; ancien militaire. *Nouveau.*

Denizot, Théodule, du Val-Saint-Eloi (Haute-Saône). *Ancien.*

Gauthier, Jules, de Paris. *Ancien.*

Moreau, Auguste, d'Épernay (Marne) ; ancien militaire. *Nouveau.*

Fligny, Jean-Aimable, de Boulogne-sur-Seine ; ancien militaire. *Ancien.*

Caporal-vaguemestre : Binand, Auguste-Constant, de Guiscard (Oise). *Ancien.*

Caporal-clairon : Mot, Pierre, de Carcassonne ; ancien militaire. *Nouveau.*

Clairon : Müller, Charles, de Montbéliard (Doubs). *Nouveau.*

Soldats : Postel, Albert-Antoine, de Nancy ; ancien militaire. *Ancien.*

Servais, Louis-Théodore, de Fermèze (Maine). *Ancien.*

Pariset, Claudin, de Nantua (Ain). *Nouveau.*

Fiévet, Charles, de Paris. *Ancien.*

Demars, Charles-Gaston, du Hâvre. *Ancien.*

Lamboley, Arthur, de Bohans (Haute-Saône). *Nouveau.*

Levret, Auguste, de Chénevray (Haute-Saône). *Ancien*

Legris, Édouard, de Paris. *Ancien.*

Dlugouski (Michel), polonais ; ancien militaire. *Nouveau.*

Robert, François, de Lure (Haute-Saône). *Nouveau.*

Jouhant, Paul, de Montereau. *Nouveau*

Gauthier, Jean-Pierre, de Breuches (Haute Saône). *Ancien.*

Cornet, Etienne, d'Avrigny (Haute-Saône). *Nouveau.*

De La Hubaudière, Stanislas, de Nort (Loire-Inférieure). *Ancien.*

Joube, Louis-Alfred, de Vermand (Aisne). *Ancien*

Patureau, Georges, de Mouchet (Indre). *Ancien.*

Courty, N., de Cendrecourt (Haute-Saône). *Nouveau.*

Dubois, Auguste, de Reims. *Nouveau.*

Roëhmer, Alphonse, de Benfeld (Bas-Rhin). *Nouveau.*

Barrier, Arsène-Désiré, de Coltainville (Eure-et-Loire). *Ancien.*

Bandel, Alcide, de Sillé-le-Guillaume (Sarthe). *Ancien.*

Faivre, Jean, de Fribourg (Suisse). *Nouveau.*

Onnée, Léonard-Julien, de Plaine-Fougère (Ile-et-Vilaine. *Ancien.*

Bégue, Achille, de Lure (Haute-Saône). *Nouveau.*

Paillart, Edmond. *Nouveau.*

Denizet, Charlemagne-Louis, de Louviers (Seine-Inférieure). *Ancien.*

Dumont, Edmond, de Passy (Seine). *Ancien.*

Tassin, Ernest, de Rambervilliers (Vosges). *Nouveau.*

Marceloff, Jules, de Ste-Barbe (Vosges). *Nouveau.*

Myand, Adrien, de Château-Gaillard (Ain). *Nouveau.*

Beaufrère, Louis-Joseph, de Servin (Indre). *Nouveau*

Aublanc, Philibert, de Pouilly, (Loire). *Ancien.*

Moyne, Auguste, de Rambervillers (Vosges). *Nouveau.*

Gognat, Philippe, de Besançon. *Nouveau.*

Viallatte, François, d'Ambert (Puy-de-Dôme). *Ancien.*

Pigelet, Henri, de Châteauroux (Indre). *Ancien.*

Lafargue, Hector, de Fources (Gers). *Ancien.*

Dupont, Jacques-Edouard, d'Elbeuf (Seine Inférieure). ancien marin. *Ancien.*

Germain, Victor, de Saint-Cloud (Seine-et-Oise). *Ancien.*

Fiévet, Edmond, de Paris. *Ancien.*

Pipper, Charles, de Ronchant (Haute-Saône). *Nouveau.*

Chambost, Jérôme, de Lyon, ancien militaire. *Ancien.*

Rodack, N., polonais ; ancien militaire. *Ancien.*

Jobard, Arthur-Pierre, de Boulogne-sur-Seine. *Ancien.*

Darlin, Stéphane, de Pont-de-Roide (Doubs). *Nouveau.*

Zimmer, Daniel, de Brumath (Haut-Rhin). *Nouveau.*

Le Saulnier, Jean-Marie-Adrien, de Laval (Mayenne). *Ancien.*

Hulin, Auguste-Alexandre, de Paris. *Ancien.*

Lustemberger, Charles, de Paris. *Ancien.*

Schodder, Adolphe, de Ronchant (Hte-Saône). *Nouveau.*

Dugarrin, Eugène, de Paris. *Ancien.*

Cartier, Louis-Victor, de Royon (Seine-et-Marne). *Ancien*

Jourdain, Alexandre-Grégoire, de Neuilly. *Ancien.*

Duchatel, Modeste, de Tourcoing (Nord). *Nouveau.*

Chauvin, Constant-Prudent, de Rambouillet. *Ancien.*

Revet, Jean-Edouard, de Paris. *Ancien.*

Thibault, Louis-Victor, de Boulogne-sur-Seine; ancien militaire. *Ancien.*

Larmeroux, Eugène, de Fontainebleau. *Ancien.*

Millet, Etienne, de St-Denis-d'Orgues (Sarthe). *Ancien.*

Pichard, Louis-Alexandre, d'Epernon. *Ancien.*

Bondier, Emile, de Meximieux (Haute-Saône) *Nouveau.*

Creux, Victor, de St-Maurice (Jura. *Nouveau.*

Baudrey, Joseph, d'Etrupes (Doubs. *Nouveau*).

Clermont, Joseph-Théodore, de Sainte-Marie (Doubs); ancien militaire. *Nouveau*

Valora, Ernest, de Lyon. *Nouveau.*

Groffe, Louis, de Champagnolles (Jura). *Nouveau.*

Burckarts-Meyer, Emile, de Laütenbach (Haut-Rhin). *Nouveau.*

Feuvrier, Jules, de la Chapelle-de-Blanche-Roche(Doubs), *Nouveau.*

Barr, Joseph, de Neuf-Brisach (Haut-Rhin). *Nouveau.*

Stamme, Edouard, de Wesserling (Haut-Rhin). *Nouveau.*

Hoffmann, Guillaume, de Mulhouse; ancien militaire. *Nouveau.*

Loew, Rudolf, de Bâle (Suisse); ancien militaire. *Nouveau.*

Brodmann, Pierre, de Bâle (Suisse): ancien militaire. *Nouveau.*

Jaëck, Joseph, dHégenheim (Haut-Rhin); ancien militaire. *Nouveau.*

Bonami, Blaise, de Nébouzat (Puy-de-Dôme); ancien militaire. *Nouveau.*

Louison, Jean-Baptiste, de Baume-les-Dames (Doubs). *Nouveau.*

Barrier, Jean-Louis, de Besançon; ancien militaire *Nouveau.*

Barçon, Charles-Constant, d'Avoudray (Doubs). *Nouveau.*

Jacquot, François-Emile, d'Avoudray (Doubs). *Nouveau.*

Jeannin, Alfred, d'Autoreilles (Haute-Saône). *Nouveau.*

Devillars, Nicolas, de Gray (Haute-Saône). *Nouveau.*

Picard, Auguste. *Nouveau.*

Loviton, N. *Nouveau.*

De l'Argentière, N. *Ancien.*

Déliot, Augustin. *Nouveau.*

Limouse, Alfred. *Nouveau.*

Limouse, Emile. *Nouveau.*

Sarrazin, N. *Nouveau.*

Boron, N. *Nouveau.*

ARTILLERIE. — *Brigadier d'artillerie:* Bellat, Adelin, de Maiche (Doubs). *Nouveau.*

Artilleurs : Perrotte, Adolphe, de Seurre (Haute-Saône). *Nouveau.*

Schléby, Louis, de Montbéliard (Doubs); ancien militaire. *Nouveau.*

Fèvre, Félix, de Vesoul (Haute-Saône). *Nouveau.*

Strauss, Paul, de Ronchant (Haute-Saône). *Nouveau.*

Fuerxer, Eugène, de Lure (Haute-Saône). *Nouveau.*

1 obusier de montagne de 4 rayé; 4 caissons; 2 voitures; 3 chevaux.

1re DIVISION D'INFANTERIE DU 24e CORPS

EFFECTIF AU 7 JANVIER 1871.

ÉTAT-MAJOR :
Général de division : D'Ariès.
Général de brigade : De Castella.
Chef d'État-Major : Vicomte d'Ollonne, lieutenant-colonel de la garde mobile du Doubs.
Officiers d'ordonnance : Susbielle, sous-lieutenant de hussards.
N..., lieutenant au 48e de ligne.

Intendant militaire : Comte de Belleval.
Officier d'administration (2e *classe) :* Schüler.
Officier-comptable des subsistances (1re *classe*) *:* Marty.
Commis aux écritures : Lhomme.
Deux ouvriers d'administration.
Officier-comptable des ambulances : Griswald.
Dix infirmiers.
Un médecin-major de 2e classe.
Deux médecins aide-major.
Un pharmacien.

TROUPES. — 16e bataillon de chasseurs à pied.
63e régiment de marche de garde-mobile (un bataillon de Haute-Garonne, un bataillon de Tarn-et-Garonne, un bataillon du Haut-Rhin).
3e légion de mobilisés du Rhône.
1er régiment de mobilisés du Doubs.
Une compagnie du génie.
Un escadron de dragons de marche.
Compagnie des francs-tireurs de Neuilly.

ARTILLERIE. — Une batterie de 4 de campagne rayée ; une batterie d'obusiers de montagne de 4 rayée ; total, 12 bouches à feu.

3e DIVISION D'INFANTERIE DU 24e CORPS

EFFECTIF AU 25 JANVIER 1871.

ÉTAT-MAJOR :
Général de division : Carré de Busserolles.
Chef d'État-Major : Chevillot, chef d'escadron d'Etat-Major.
Officiers d'ordonnance : Lippmann, capitaine d'Etat-Major.
Barbier, capitaine d'État-Major.
Poupart, lieutenant d'État-Major.

Intendant militaire : Comte de Belleval.

Sous-Intendants : Prince de Montholon, Ravut.

Officier d'administration de 2e classe : Rousseau.

Adjudant d'administration comptable des subsistances de 1re classe : Pinel.

Adjudants d'administration de 2e classe, auxiliaires : Vialet, Auger.

Élève d'administration : Lamaque.

Sergent commis aux écritures : Bétoux.

AMBULANCES. — *Officier d'administration de 2e classe, comptable :* Tourneur.

Médecin-major de 2e classe : Sommellier.

Médecin-aide-major de 1re classe : Foch.

Médecins-aides-major de 1re classe : Vaux, Farjeaud, Contal.

Pharmacien de 2e classe : Marty.

Adjudants d'administration de 2e classe : Poirrier, Zumstein, Faravel.

Infirmiers : 34, avec 27 mulets, 22 chevaux, 5 voitures-masson et un caisson à quatre chevaux.

TRAIN DES ÉQUIPAGES. — *Capitaine* : Masson.

Lieutenant : Cussol.

Sous-lieutenant : Dagonneau.

2 maréchaux-des-logis, 6 brigadiers, 44 soldats, 48 chevaux, 17 mulets.

95 hommes, 72 chevaux, 65 voitures du train auxiliaire.

Service de l'intendant : 6 voitures, 6 hommes, 6 chevaux.

PRÉVÔTÉ. — 1 maréchal-des-logis, 1 brigadier et 24 gendarmes. 30 chevaux.

TROUPES. — 1re légion de marche du Rhône : *Colonel*, Valentin. (60 officiers, 1,800 hommes, 35 chevaux ; une compagnie du génie ; une batterie d'artillerie, 5 officiers, 150 sous-officiers et artilleurs.)

2e légion de marche du Rhône : *Colonel*, Chabert. (60 officiers, 2,000 hommes, 27 chevaux, 2 voitures d'ambulance, 11 voitures de bagages, 1 prolonge pour les outils du génie ; une compagnie du génie ; une batterie d'artillerie, 6 officiers, 161 sous-officiers et artilleurs, 106 chevaux, 24 caissons.)

4e bataillon de la garde mobile de la Loire : *Commandant*, Chalus. (835 hommes, 6 chevaux).

89e régiment provisoire de marche : *Lieutenant-colonel*, Mouton. (Deux bataillons, 2,400 hommes). 1 escadron du 7e régiment de cavalerie mixte. (100 hommes, 100 chevaux).

ARTILLERIE. — 1 batterie de 4 rayé de campagne ; 2 batteries de 12 rayé, de la réserve divisionnaire ; 1 batterie de montagne rayée ; 1 batterie de canons Armstrong de 9, appartenant à la 1re légion du Rhône ; 1 batterie de 7 canons Armstrong, dont 3 de 12 et 4 de 6, appartenant à la 2e légion du Rhône.

Récapitulation : 8,300 hommes ; 960 chevaux ; 45 mulets ; 204 voitures et caissons ; 37 bouches à feu.

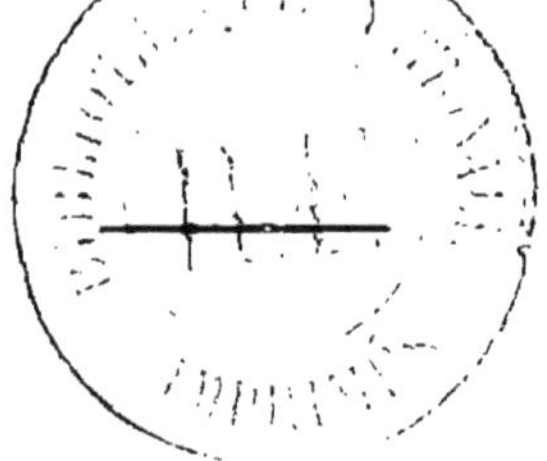

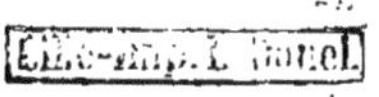

BIBLIOTHEQUE NATIONALE DE FRANCE
3 7502 04229028 0

www.ingramcontent.com/pod-product-compliance
Ingram Content Group UK Ltd.
Pitfield, Milton Keynes, MK11 3LW, UK
UKHW020211250726
13967UKWH00003B/1399

9 782012 963801